TAROT

für Einsteiger

TAROT

für Einsteiger

Juliet Sharman-Burke
Illustrationen der Karten von **Giovanni Caselli**

Librero

Für Susie, die mir mein erstes Tarotspiel gab, in dankbarer Liebe.

Titel der Originalausgabe: *Beginner's Guide to Tarot*

© 2023 Librero IBP (für die deutschsprachige Ausgabe)
www.librero-ibp.com

Diese Ausgabe wurde mit Zustimmung der
Welbeck Publishing Group Limited veröffentlicht

Text © Juliet Sharman-Burke 2001
Kartenillustrationen © Giovanni Caselli 2001
Layout © Welbeck Non-Fiction Limited,
Teil der Welbeck Publishing Group Limited 2020

Endredaktion: Ian Jackson
Redaktion: Nicola Hodgson
Artdirection: Elaine Partington
Layout: Brazzle Atkins
Produktionsleitung: Sarah Rooney

Aus dem Englischen von Anne Döbel
(für iMport/eXport)
Lektorat: Anika Seemann
Satz: iMport/eXport

Gedruckt und gebunden in China

ISBN 978-94-6359-844-6

INHALT

❖

❖

Einführung

Tarot für Anfänger begleitet Sie auf Ihren ersten Schritten in der Kunst des Kartenlesens. Das Buch richtet sich dabei nach dem neuen Sharman-Caselli-Deck, das sich teilweise an dem sehr beliebten Waite-Kartendeck orientiert, das 1900 von der Künstlerin Pamela Colman-Smith unter der Anleitung des Okkultisten A. E. Waite geschaffen wurde. Im Waite-Deck sind auch die Kleinen Arkana illustriert, darin unterschiedet es sich deutlich von früheren Versionen, von denen die erste zurück bis in die Mitte des 15. Jahrhunderts datiert, in denen sie lediglich durch Zahlen dargestellt wurden. Das Sharman-Caselli-Deck übernimmt einige Illustrationen von frühen Tarotkarten, wie dem Visconti Sfzora, aber auch von dem relativ modernen Waite-Deck. Die Symbolik der Tarotkarten ist archetypisch, so dass die Bilder universell ansprechend und verständlich sind. Das komplette Spiel umfasst 78 Karten: 22 Große Arkana, 56 Kleine Arkana.

Den Anfang machen die Kleinen Arkana – jede Karte der Farbensätze wird besprochen. Die Kleinen Arkana teilen sich in vier Kartenfarben auf: Kelche, Stäbe, Schwerter und Münzen. Sie sind die Vorläufer der Farben unserer modernen Kartenspiele: Herz, Kreuz, Pik und Karo. Jede Farbe ist einem Element zugeordnet, entweder Wasser, Feuer, Luft oder Erde. Die Farben des Sharman-Caselli-Decks haben eine eigene Farbgebung und spezielle Symbole als deutliche Verbindung mit ihren Elementen. Gerade Anfänger erkennen die Zugehörigkeit dadurch leichter. Auch gehört jede Farbe zu einem bestimmten Lebensbereich: die Kelche zu Gefühlen und Beziehungen, die Stäbe zu Kreativität und Fantasie, die Schwerter zu Veränderungen und dadurch entstehende Schwierigkeiten, die Münzen stehen für materielle und finanzielle Aspekte im Leben.

Die Hofkarten jeder Farbe setzen sich aus Ritter, Königin und König zusammen, ergänzt um einen Buben. Ritter, Königinnen und Könige sind jeweils einem Sternzeichen und dessen Element zugeordnet. Diese astrologische Dimension verleiht der Interpretation zusätzliche Tiefe. Sind alle Karten einer Farbe besprochen, bildet ein Hufeisen-Legesystem mit fünf Karten der Farbe als Beispiel den Abschluss. Die Form erleichtert es Anfängern, Kartenkombinationen zu interpretieren, die sich auf einen bestimmten Lebensbereich beziehen. Es empfiehlt sich, sich mit der Deutung intensiv zu beschäftigen und erst dann zur nächsten Farbe überzugehen. Am Ende wird das Legesystem des Keltischen Kreuzes (siehe Seite 136) vorgestellt mit den kompletten Kleinen Arkana und den Hofkarten zur Veranschaulichung der Deutung aller Farben in einem komplexen Zusammenhang.

Im anschließenden Kapitel geht es der Reihe nach um die 22 Großen Arkana. Zusammen zeichnen sie eine Landkarte der

Lebensphasen von uns Menschen. Betrachten Sie Ihren Gang durch die Großen Arkana wie die Reise des Narren. Der Narr führt die Reihe an. (Die Karte ist die einzige der Großen Arkana, die in modernen Kartenspielen – als Joker – erhalten geblieben ist). Der Narr, wie wir alle, durchwandert die Kindheit und die Zeit des Heranwachsens mit den entsprechenden Prüfungen, Mühsalen, den Freuden und dem Staunen bis in die Erwachsenenwelt hinein, wo er sich an einem Punkt dem mittleren Alter und der Krise gegenübersieht, die es so häufig begleitet. In der zweiten Lebenshälfte wie auch in der zweiten Hälfte der Großen Arkana entsteht eine persönliche, spirituelle Sicht auf die Welt, die sich von dem Enthusiasmus und der Aktivität der ersten Hälfte unterscheidet und sich nach innen richtet. Lassen Sie Ihre Lebenserfahrung in die Deutung der Karten einfließen, das erleichtert Ihr Verständnis. Zum Abschluss dieses Abschnitts (siehe Seite 186) finden Sie ein Legesystem, das ausschließlich die Großen Arkana verwendet. Anschließend gibt es ein Beispiel mit einem Hufeisen aus fünf Karten des gesamten Decks (siehe Seite 189).

Ich habe die Symbolik jeder Karte, die im Buch erwähnt wird, detailliert erläutert, damit die Deutung absolut verständlich wird. Wichtig ist es, eine Beziehung zu den Bildern der Karten herzustellen, damit sie so vertraut werden wie alte Freunde. Wenn Sie sich durch die Reihenfolge der Karten arbeiten, lege ich Ihnen ans Herz, zu versuchen, sie mit Ihren Lebensstationen in Verbindung zu bringen, damit die Karten etwas beschreiben, das in Ihrem Leben passiert ist. Sobald das Bild und Sie eingestimmt sind, „spricht" es zu Ihnen – mühelos und offen. Dadurch sollte es Ihnen keine Probleme bereiten, sich auch kompliziertere Auslegungen zu merken. Lassen Sie die Bilder zu Ihrem Unterbewusstsein sprechen und Ihre Fantasie durchforsten, dann kommt die Deutung ganz natürlich.

Bedenken Sie, dass Tarot intuitiv ist und nicht mit Logik funktioniert. Deshalb ist es notwendig, dass Sie Ihre Fantasie frei durch die Traumwelt der Bilder wandern lassen, so wie ein Kind ein bebildertes Märchenbuch betrachten würde. Die Bilder wirken auf unbewusster Ebene, sie sind wie Spiegel, die ein Wissen zeigen, das in den tiefsten Tiefen unseres Bewusstseins vergraben ist. Dieser dunkle, unbewusste Teil von uns weiß etwas, das wir bewusst nicht abrufen können. Tarot dient dabei als Brücke: Die archetypische Natur der Bilder ermöglicht es dabei, dass die Informationen vom unbewussten Geist in den bewussten übergehen. Die Antworten aus dem Unterbewusstsein auf die verschiedensten Fragen können über die Fantasie, Intuition und Träume zu uns gelangen, die bei sachgemäßer und ernsthafter Herangehensweise vom Tarot stimuliert werden.

DIE KLEINEN ARKANA

◆·◆·◆

Jede Kartenfarbe im Tarot beschreibt eine bestimmte Lebensart, die mit einem der vier Grundelemente der Astrologie – Wasser, Feuer, Luft und Erde – verbunden ist sowie mit den vier psychologischen Typen Gefühl, Intuition, Denken und Empfindung. Damit Sie das meiste für sich aus dem Tarot ziehen können, ist es wichtig, dass Sie die Symbolik der Karten verstehen und sie interpretieren können. In diesem Abschnitt geht um die Symbolik der Farben und ihrer Karten. Die Hofkarten sind mitunter schwierig zu deuten, denn sie können sowohl eine tatsächliche Person in Ihrem Leben repräsentieren, als auch für einen Aspekt Ihrer selbst stehen, den es zu entwickeln gilt. Manchmal deuten sie auch auf ein Ereignis hin.

Sind alle Karten einer Farbe besprochen, finden Sie im Anschluss ein beispielhaftes Legesystem. Üben Sie anhand dieser Legesysteme, damit Sie sicher im Umgang mit der Kartenfarbe sind, bevor Sie sich mit der nächsten befassen. Der Abschnitt endet mit dem Keltischen Kreuz, einem Legesystem, das alle Karten der Kleinen Arkana (siehe Seiten 136–140) einbezieht und das verdeutlicht, wie die Farben dabei miteinander kombiniert werden.

Die Kelche

THEMA *Gefühle und Empfindungen*

Die Kartenfarbe Kelche beschreibt die sich stets verändernde Welt der Gefühle. Das wichtigste Symbol der Gefühle ist das Element Wasser. Wie das Wasser unablässig in

Bewegung ist, so gilt dasselbe für unsere Gefühle. Sie kennen es sicherlich aus eigener Erfahrung, dass unsere Stimmung von glückselig in kürzester Zeit zu traurig umschlagen kann, häufig aufgrund von äußeren Umständen. Wasser passt sich der Form dessen an, wovon es umgeben ist. Analog beeinflussen Menschen und Situationen unsere Gefühle. Überlegen Sie einmal, wie Ihre Gefühlslage fällt und steigt wie Ebbe und Flut. Dann stellen Sie sich vor, wie Wasser durch verschiedene Gefäße fließt. Je tiefer Ihre Assoziation von Wasser mit Gefühlen gelingt, umso leichter werden Sie die Kelche verstehen.

Um sich mit den Kelchen und dem Element Wasser vertraut zu machen, breiten Sie alle Kelchkarten vor sich aus. Lassen Sie die Symbole, Formen und Farben auf sich wirken, bevor Sie sich mit den einzelnen Karten befassen. Sehen Sie, dass sich auf jeder Karte Wasser findet – als Fluss, Lache, Brunnen oder Meer? Suchen Sie nach weiteren Wassersymbolen wie Fische oder Meerjungfrauen. Beachten Sie die Farbgebung der Kelche – wässrige Blautöne, Mauve- und Rosaschattierungen. Stellen Sie gedanklich eine Verbindung zwischen den Farben und den Kelchkarten her. Die Wasserkarten sind kühl: Versuchen Sie, diese Kühle über die Bilder und Farben zu erspüren. Denken Sie daran, wie erfrischend kaltes Wasser an einem heißen Tag ist oder wie Sie in einem heißen Bad entspannen, wenn Ihnen kühl ist oder Sie gestresst sind.

Nun lesen Sie die Interpretation aller Kelchkarten (siehe Seiten 16–43). Sie decken eine große Bandbreite an Gefühlen von Freude bis Kummer ab. Sie werden die Gefühle vermutlich erkennen: Euphorie, Freude, Verwirrung, Zweifel und Trauer. Je stärker Sie Ihre eigenen Erfahrungen und die Bilder einbinden, umso leichter werden Sie sich ihre Bedeutung merken können.

Die Stäbe

THEMA *Vorstellungskraft und Kreativität*

Die Stäbe stehen für den magischen Prozess der Kreativität. Eines der Hauptsymbole für Kreativität ist Feuer. Und Feuer ist, wenn Sie darüber nachdenken, äußerst magisch. Ein einziger Funke, der auf ein Stück Holz überspringt, sorgt im Nu dafür, dass ein helles, knisterndes Feuer entsteht, das herrlich wärmt. Auf dieselbe Weise kann aus einer aufkeimenden Idee durch die Fantasie eines Menschen ein wunderbares Theaterstück oder ein grandioses Bild entstehen. Oder die Idee wird mit anderen geteilt, die ihr Holz in das kreative Feuer werfen und gemeinsam etwas Erstaunliches schaffen. Haben Sie die Verbindung von Feuer und Fantasie verinnerlicht, sind Sie auf einem guten Weg, die Stabkarten zu verstehen.

Legen Sie alle Karten der Stäbe vor sich aus und verschaffen sich einen allgemeinen Überblick. Bedenken Sie dabei, dass die Karten in erster Linie der Vorstellungskraft und Kreativität zugeordnet sind und ihr Hauptsymbol Feuer ist. Auf jeder Stabkarte finden Sie eine kleine Flamme, aber auch weitere Symbole für Feuer und Wärme: einen Salamander, die Eidechse, die der Legende nach im Feuer lebt, oder die Sonne und Sonnenblumen. Außerdem sind die Stabkarten mit warmen, feurigen Farben wie Gelb, Rot, Braun und Orange gestaltet, Farben, die den Betrachter sofort an Feuer denken lassen. Bald schon werden Sie diese Symbole auf den Stabkarten instinktiv mit Kreativität assoziieren.

Jetzt wird es Zeit, sich die Karten einzeln anzusehen. Jede Karte wird im Detail beschrieben (siehe Seiten 46–73), damit Sie mit den archetypischen Bildern und ihrer Auslegung vertraut werden. Schnell wird Ihnen auffallen, dass Ihnen die dargestellten Situationen bekannt vorkommen. Je enger Sie Ihre eigenen Erfahrungen mit den Karten verknüpfen können, umso leichter stellen Sie eine Verbindung zu ihnen her.

Die Schwerter

THEMA *Herausforderungen des Lebens*

Das Element der Schwerter ist Luft, es ist dem rationalen Verstand und dem Geist zugeordnet sowie dem kreativen Aspekt von Denkprozessen. Wir brauchen unsere Denkfähigkeit, um zu unterscheiden, zu beurteilen und zu bewerten. Denken geht tiefer als unsere flüchtigen Gefühle, instinktiven Sehnsüchte und kreativen Visionen. Die Schwertkarten zeigen Ereignisse im Leben, die uns allen irgendwann widerfahren, und laden uns ein, ihnen mit reiner Logik und rationaler Analyse zu begegnen. Die Herausforderungen, die auf den Schwertern dargestellt sind, sind nicht auf einen bestimmten Bereich im Leben begrenzt, etwa auf Beziehungen, Schaffensprozesse oder Finanzen. Die Schwerter im Tarot stehen meist für Stress oder Anspannung, die sich in jedem Lebensbereich manifestieren können. Zum Beispiel deute die Sechs der Schwerter auf ein Abrücken von einer schwierigen Situation hin. Das kann eine problematische Beziehung sein, eine kreative Blockade oder ein finanzieller Engpass. Die Schwerter spiegeln viele Probleme wider, die uns das Bemühen einbringt, unseren Intellekt mit unseren Gefühlen, unserer Intuition und körperlichen Bedürfnissen in Balance zu halten.

Breiten Sie alle vierzehn Schwertkarten vor sich aus und lassen die Bilder auf Sie wirken, achten Sie dabei zuerst auf die Farben. Kühle Farben wie Eisblau und Stahlgrau erinnern an das Element Luft. Bedenken Sie, dass die Schwerter Schwierigkeiten und Herausforderungen repräsentieren, aber auch für Lösungen durch klares Denken stehen. Nun schauen Sie sich die anderen Symbole auf den Karten an, die Vögel, Schmetterlinge, Wolken und den wechselhaften Anblick des Himmels, alle deuten auf das Element Luft hin. Bald schon werden Sie mit den Bildern vertraut sein und sie mit gedanklichen Höhenflügen assoziieren.

Lesen Sie nun die Bedeutung der Karten (siehe Seiten 76–103) und versuchen Sie, Ihre eigenen Erfahrungen zu integrieren. Je besser Ihnen das gelingt, umso leichter werden Sie sich die Auslegung merken. Ist eine Karte mit etwas Persönlichem verknüpft, vergessen Sie ihre Interpretation nicht mehr.

Die Münzen

THEMA *Geld und Potenzial*

Die Münzen und das Element Erde gehören zusammen. Erde steht für die Welt von Form und Inhalt. Jede brillante Idee, die der Vorstellungskraft der Stäbe entspringt, muss die Welt der Münzen passieren, damit sie real wird. Es ist gut und schön, eine Vorstellung von einem Gemälde oder einer Skulptur zu haben, aber es wird nie mehr als eine Idee daraus werden, wenn sie keine konkrete Form erhält. Das ist die Domäne der Münzen. Denken Sie daran, wie wichtig die materielle Welt ist und verbinden Sie sie gedanklich mit dem Element Erde und den Münzkarten.

Breiten Sie jetzt alle Münzkarten vor sich aus und schauen sie an. Wenn Sie dann die einzelnen Bilder auf den Karten betrachten, denken Sie daran, dass es bei den erdverbundenen Münzen um praktische Dinge und finanzielle Probleme geht. Fällt Ihnen auf, dass die vorherrschenden Farben Erdtöne sind? Braun und Grün. Und dass die Tiere der Münzen Mäuse, Kaninchen und Hunde sind? Alle sind erdverhaftete Tiere. Andere Erdsymbole auf den Karten sind Früchte und Blumen, mit denen uns Mutter Natur großzügig beschenkt und ohne die wir nicht überleben könnten.

Das Symbol der Münzen ist faszinierend. Die Münze steht für die materielle Welt, trägt aber den fünfzackigen Stern, der die magischen Kräfte der Erde symbolisiert. Dass die Erde sich jedes Jahr erneuert und uns mit Nahrung, Schutz und Schönheit versorgt, ist allein schon ein magisches Konzept. Dennoch entsteht die Magie nicht in unserer Fantasie wie bei den Stäben, sondern stammt aus der Erde selbst. Oder anders ausgedrückt: Unsere physischen Körper sind die Gefäße der Ideen, die durch die Stäbe repräsentiert werden, die Gefühle, für die die Kelche stehen und die Gedanken der Schwertkarten.

Lesen Sie nun die Interpretation jeder Münzkarte (siehe Seiten 106–133). So erhalten Sie eine Erklärung der archetypischen Bilder auf den Karten und ihre Deutung. Wenn Sie sich die Bilder genau ansehen, werden Sie bekannte Situationen entdecken, die materielle und finanzielle Probleme behandeln. Wie bei den anderen Kartenfarben gilt, dass je mehr Erfahrungen Sie zu den Karten hinzugeben, umso leichter fällt es Ihnen, sich ihre Auslegung einzuprägen.

DAS ASS DER KELCHE

Element: Wasser

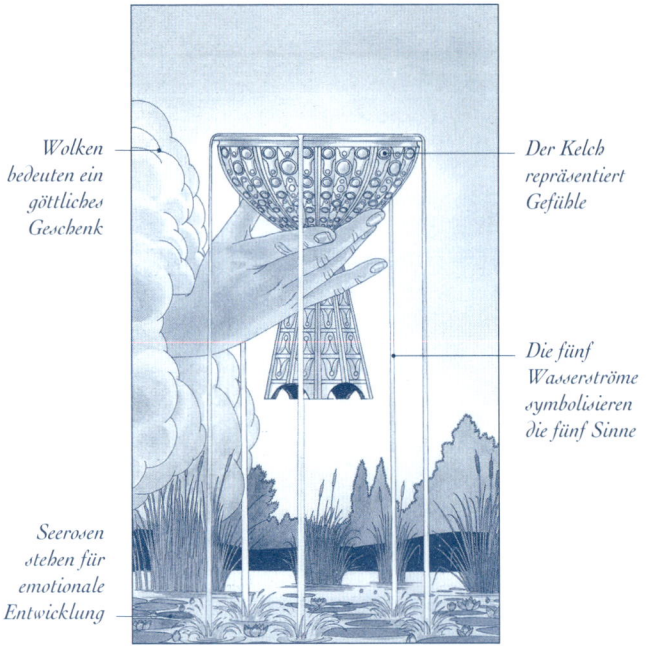

Wolken bedeuten ein göttliches Geschenk

Der Kelch repräsentiert Gefühle

Die fünf Wasserströme symbolisieren die fünf Sinne

Seerosen stehen für emotionale Entwicklung

THEMA *Aufruhr der Gefühle*

Auf magische Weise erscheint eine Hand in den Wolken, sie hält einen großen goldenen Kelch. Sie kommt von links, der Seite der Kreativität. Das Element der Kelche ist das Wasser, das für Gefühle steht. Das Bild auf dem Ass der Kelche zeigt Wasser, das über den Rand fließt: fünf separate Ströme, Symbole der fünf Sinne, fließen aus dem Kelch in den Teich, der Gefühle repräsentiert. Auf seiner Oberfläche schwimmen Seerosen, schöne Sinnbilder für emotionales Wachstum und Entwicklung. Die Magie, die durch starke Gefühle entsteht, ist das Thema des Bildes.

Deutung

Alle Asse deuten auf Neuanfänge hin. Bei den Kelchen findet dieser Neubeginn in der Gefühlswelt statt. Wird das Ass der Kelche gelegt, kann es den Beginn einer neuen Beziehung, einer Liebesaffäre oder einer starken Freundschaft bedeuten. Welcher Natur diese Beziehung auch sein mag, am Anfang steht eine starke Anziehungskraft.

Wichtig ist es, sich zu merken, dass die Gefühle, auf die sich die Karte bezieht, nicht unbedingt auf eine sexuelle Beziehung hindeuten. Genauso gut könnte es sich um die tiefe Liebe beispielsweise einer Mutter zu ihrem Neugeborenen handeln. Bei einigen Situationen kann es auch um die Leidenschaft für eine kreative Idee gehen, die Ihnen sehr am Herzen liegt. Auf jeden Fall bedeutet die Karte, dass starke Gefühle im Spiel sind.

Natürlich gilt es zu bedenken, dass es positive und negative Gefühle gibt. Im Allgemeinen steht das Ass der Kelche für Freude und Zufriedenheit in Beziehungen. Dennoch sollten Sie im Hinterkopf behalten, dass die Gefühle, für die das Ass der Kelche steht, tiefe Liebe, aber ebenso tiefer Hass sein können. Vielleicht sogar beides zur selben Zeit.

DIE ZWEI DER KELCHE

Element: Wasser

Geflügelter Löwe: Flügel repräsentieren spirituelle Liebe, der Löwe sexuelle

Die weiße Schlange symbolisiert Weisheit

Rote Rosen stehen für Verlangen

Die schwarze Schlange steht für Heilung

Weiße Schwertlilien symbolisieren den Geist

THEMA *Freundschaft*

Eine Frau und ein Mann stehen sich gegenüber und tauschen ihre Kelche aus. Die Frau auf der linken Seite steht für Sensibilität und Kreativität. Der Mann auf der rechten Seite repräsentiert das Handeln. Zusammen bilden sie den Ausgleich. Sie stehen vor einem steinernen Torbogen mit zwei Schlangen: Die schwarze auf der linken Seite symbolisiert

Heilung, die weiße auf der rechten Seite steht für Weisheit. Den Bogen ziert ein gemeißelter Löwe mit Flügeln, der die Ausgewogenheit zwischen spiritueller Liebe (Flügel) und sexueller Liebe (Löwe) symbolisiert.

Der Mann trägt eine blaue Tunika, die mit roten Rosen verziert ist, Sinnbilder für Verlangen. Die Frau trägt eine lange, hellblaue Robe mit den weißen Lilien des Geistes darauf. Durch den Torbogen sieht man in der Entfernung einen Bach, Symbol des Elements Wasser, der sich durch die Landschaft windet.

Deutung

Die Zwei der Kelche ist eine Freundschaftskarte. Das Paar darauf tauscht als Symbol seiner Liebe und Hingabe Kelche aus. Der Austausch deutet auf ihre Bereitschaft hin, zu teilen, eine gute Voraussetzung für eine Beziehung, ob romantisch oder platonisch.

Die Zwei nimmt die reine Emotion des Kelch-Asses auf und teilt sie in männlich und weiblich, aktiv und passiv. So entstehen sowohl eine Dualität als auch ein Sinn für ausgewogene Kräfte. Erscheint die Zwei, weist sie auf den Beginn einer neuen Beziehung oder die Entwicklung einer Beziehung in einer frühen Phase hin. Die Zwei der Kelche kann auch auf die Versöhnung sich bekämpfender Parteien und die Lösung von Konflikten hindeuten. Meist wird sie Liebesaffären zugeordnet, kann sich aber genauso auf tiefe und dauernde Freundschaften beziehen.

Wie alle Tarotkarten kann auch dieser etwas Negatives anhaften. Sie kann für das Ende einer Freundschaft oder die Zerstörung einer Beziehung durch negative Gefühle wie Eifersucht stehen.

DIE DREI DER KELCHE

Element: Wasser

Die Kelche werden voller Freude gehoben

Girlanden symbolisieren das Festliche der Zusammenkunft

Der Fisch ist ein Wassersymbol

Der Brunnen steht für die Gefühlswelt

THEMA *Feier*

Drei Mädchen in langen Gewändern in den Farben des Elements Wasser tanzen fröhlich. Jedes hält seinen Kelch hoch in Feierlaune und Harmonie. Ihre langen Haare sind festlich mit Blumen geschmückt und sie tragen Girlanden um die Hüften. Sie tanzen in einem schönen Garten. Im Vordergrund steht ein Springbrunnen mit einer Fischfigur, einem Symbol des Elements Wasser. Der Fisch spuckt Wasser in den Brunnen und symbolisiert so einen Gefühlsausbruch.

Deutung

Drei ist die Zahl der anfänglichen Vollendung. Bei den Kelchkarten ist sie Hinweis darauf, dass etwas auf emotionaler Ebene erreicht wurde. Es gibt etwas zu feiern, es herrscht eine freudige Atmosphäre.

Zeigt sich die Drei der Kelche, könnte sie auf eine Verlobung oder Hochzeit hindeuten, auf ein frohes Ereignis, das die Krönung einer bestimmten Phase darstellt: Ein Umwerben, das zu einer Verlobung führt, eine Verlobung, die ihren Gipfel in der Hochzeit findet. Ebenso könnte es um die Geburt eines Kindes gehen, um eine Taufe oder eine Namenszeremonie. In jedem Fall ist die Botschaft klar und deutlich: Genieße diesen frohen Moment, aber sei dir bewusst, dass er einen Höhepunkt darstellt, nach dem du zwangsläufig wieder zu deinem normalen Leben zurückkehrst. Eine Hochzeit und eine Geburt sind beide krönende Abschlüsse und markieren den Abschied von der Euphorie und die Rückkehr in den Alltag.

Die Karte beschränkt sich nicht auf Ereignisse wie Hochzeiten oder Geburten. Sie wird auf jede fröhliche Zeit angewandt, die eine Feier verdient, wie wichtige Geburtstage oder Jubiläen. Die Drei der Kelche steht grundsätzlich für eine gute Zeit mit geliebten Menschen.

DIE VIER DER KELCHE

Element: Wasser

Wolken zeigen, dass er ihm angebotene Geschenke ignoriert

Gekreuzte Arme und Beine deuten auf aufgestaute und unterdrückte Gefühle hin

Die Burg steht für positive Aspekte seines Lebens

Das Wasser symbolisiert Gefühle

THEMA *Unzufriedenheit*

Ein Mann in einer blauen Tunika und einem weißen Hemd sitzt im Gras bei einem ruhigen See. Das Wasser im See und das Blau seiner Tunika erinnern an das Element Wasser, das den Kelchen zugeordnet ist. Seine Beine sind gekreuzt, seine Arme umfassen sie eng – Zeichen dafür, dass er sich weigert, zu akzeptieren, dass das Leben ihm etwas zu bieten hat.

Es scheint, dass er entschlossen ist, sich emotional nicht zu öffnen. Den goldenen Kelch, der ihm von einer Hand angeboten wird, die auf der rechten, der handelnden Seite magischerweise aus den Wolken herausreicht, beachtet er absichtlich nicht. Stattdessen starrt er unzufrieden auf die drei vollen Kelche, die vor ihm stehen. Im Hintergrund steht eine schöne Burg für die positiven Seiten seines Lebens. Dennoch ist er unglücklich.

Deutung

Die Karte zeigt Langeweile und Unzufriedenheit. Nach der ausgelassenen Freude der Kelch-Drei kann die Rückkehr in die Alltagsroutine besonders unangenehm sein. Die Karte wird beherrscht von Langeweile und wenn sie überhandnimmt, ist es schwer, sich für irgendetwas zu begeistern. Die Person der Kelch-Vier ist offensichtlich nicht der Lage, zu schätzen, was sie hat und ist so unzufrieden, dass sie alles ablehnt, sogar magische Geschenke. Die Person hat alles, was sie will und mehr, aber erkennt und wertschätzt das nicht.

Wird diese Karte gelegt, ist sie ein Hinweis, dass Ihnen Vieles offensteht, aber ohne die richtige Einstellung wird nicht viel daraus entstehen. Am besten begegnen Sie dieser Energie durch die Konfrontation mit der Unzufriedenheit, um mehr über sie herauszufinden. Vier ist die Zahl der Realität. Die Mischung von Wirklichkeit und Gefühlen kann apathisch machen. Vielleicht wird der Wunsch wach, jemand anderes solle alles in Ordnung bringen und paradoxerweise wird das auch angeboten, symbolisiert durch den magischen Kelch: Die Sinne allerdings können schon so weit abgestumpft sein, dass sie dies nicht wahrnehmen.

DIE FÜNF DER KELCHE

Element: Wasser

Der schwarze
Umhang steht
für Kummer und
Trauer

Die Burg ist
Symbol für
Hoffnung

Die Brücke
symbolisiert
den zu gehenden
Weg

Der Fluss ist
Sinnbild für
Traurigkeit

Die vollen Kelche
stehen für das,
was intakt
geblieben ist

Die umge-
kippten Kelche
repräsentieren,
was verloren
wurde

THEMA *Bedauern und Kummer*

Eine trauernde Person steht mit dem Rücken zum
Betrachter, sie trägt einen schwarzen Umhang in der
Farbe der Trauer. Vor ihr liegen drei umgekippte Kelche, aus
denen Wasser ausläuft. Die Person ist so auf die liegenden
Kelche fixiert, dass sie die zwei vollen Kelche hinter sich nicht
bemerkt. Die Botschaft lautet, dass, auch wenn etwas verloren

oder verdorben ist, es immer noch genug Positives gibt. Damit die Person dies wahrnimmt, müsste sie sich aber umdrehen.
Die trauernde Figur ist einem Fluss mit starker Strömung zugewandt, ein Bild für Trauer und Elend. Über den Fluss führt eine Brücke und damit die Möglichkeit, weiterzugehen. Auf der anderen Flussseite steht eine Burg, Symbol für Stabilität und Sicherheit und also für eine hoffnungsvolle Zukunft. Das Bild stellt Schmerz und Kummer dar, vermittelt aber auch, dass nicht alles verloren ist.

Deutung

Die Fünf der Kelche steht für eine Phase der Trauer. Die Zahl Fünf bezieht sich im Tarot auf Wechsel und Schwierigkeiten, bei den dem Wasser zugeordneten Kelchen betrifft dies höchstwahrscheinlich Gefühle. Wird diese Karte aufgedeckt, ist sie ein Zeichen, dass etwas auf der Gefühlsebene schiefgegangen ist, eventuell in einer Beziehung, und dass frühere Entscheidungen bedauert werden. Jedoch zeigt das Bild, dass zu viel Aufmerksamkeit dem geschenkt wird, was verloren ist, anstatt dem, was möglich ist. Die Person schaut ausschließlich die auslaufenden Kelche an, ohne sich umzusehen und die vollen Kelche hinter sich zu entdecken.

Häufig konzentrieren wir uns in Phasen der Enttäuschung und Verzweiflung nur darauf, was wir verloren haben und bemerken nicht, was noch vorhanden ist. Diese Karte zeigt auf, dass Verluste auch positive Effekte haben können und sich dadurch andere Möglichkeiten auftun. Es ist wichtig, dass Sie Ihre Rolle verstehen, trauernd und wenn nötig bedauernd, was Sie getan haben.

DIE SECHS DER KELCHE

Element: Wasser

Der
Wunschbrunnen
steht für frühere
Wünsche

Das kleine
Mädchen
symbolisiert
die Zukunft

Der
Bauerngarten
steht für
Kindheit

Der Zwerg
repräsentiert
die Vergan-
genheit

Die weißen
Lilien sind
Sinnbilder für
Unschuld und
Reinheit

THEMA *Erinnerungen und Zukunftsträume*

Sechs ist die Zahl der Harmonie, bei den Kelchen steht sie für Sanftheit und Balance. Das Bild zeigt einen Zwerg und ein Mädchen, die Blumen in sechs Kelchen arrangieren. Das Mädchen trägt ein blaues Kleid, das an den Wassercharakter der Kelche erinnert. Sie symbolisiert die Zukunft, der Zwerg die Vergangenheit. Zusammen stehen sie in der Gegenwart. Sie stecken die Blumen, die für Erinnerungen stehen, in die Kelche, Sinnbilder für Gefühle. Im Hintergrund sieht man ein reetgedecktes Landhaus und einen Bauerngarten, die nostalgische Gedanken über eine idyllische Kindheit wecken. Der Wunschbrunnen symbolisiert sowohl das Element Wasser als auch frühere Wünsche.

Deutung

Auf dem Bild sehen wir ein junges Mädchen und einen alten Zwerg, die gemeinsam an etwas arbeiten. Es steht dafür, dass liebevolle Beziehungen Generationen umspannen können und dabei Zufriedenheit und Sicherheit entstehen. Ziehen Sie diese Karte, kann sie darauf hinweisen, dass Hilfe von einem Freund, einem Lehrer oder einem Familienmitglied nahe ist. Sie ist eine wohlwollende Karte, die Güte und Ruhe vermittelt.

Die Sechs der Kelche ist ein Hinweis auf eine Zeit der Erinnerung und Nostalgie. Wenn die Gegenwart schwierig ist, können Gedanken an die Vergangenheit Trost spenden. Die Sechs der Kelche sagt auch aus, dass lang gehegte Träume Wirklichkeit werden können. Der Wunschbrunnen ist ein Symbol für Sehnsüchte, an ihm können alte Träume geträumt werden. Das könnte die Wiederbelebung einer vergangenen Liebesbeziehung sein oder ein Freund aus alten Zeiten taucht auf. Sie kann auch bedeuten, dass etwas, das Sie sich seit Jahren von Herzen wünschen, endlich Gestalt annimmt.

Der negative Aspekt der Karte ist eine Tendenz, in der Vergangenheit zu leben. Lebt man nur rückwärtsgewandt, verschleiert das, was in der Gegenwart zu erledigen ist. Erinnerungen können trösten und inspirieren, aber richtet man sich in ihnen zu sehr ein, sind sie unzweckmäßig und unproduktiv.

DIE SIEBEN DER KELCHE

Element: Wasser

Der Drachen steht für Stärke

Juwelen symbolisieren Reichtum

Der Lorbeerkranz steht für Erfolg

Die Schlange symbolisiert Sexualität

Die Burg steht für Sicherheit

Die verhüllte Person repräsentiert das wahre Selbst

Die Taube steht für den Geist

THEMA *Tagträume*

Eine Figur in einfachem blauem Gewand liegt auf einer Bank bei einem Teich, einem Symbol für das Element Wasser, und hängt ihren Tagträumen nach. Über ihr sind Wolken, in denen sieben fantastische Visionen aus sieben goldenen Kelchen aufsteigen: eine Taube, Zeichen der spirituellen Welt, ein Lorbeerkranz, der für Erfolg steht, aus einem dritten schauen Juwelen heraus, Zeichen für Reichtum – materiellem und emotionalem. Aus dem vierten Kelch streckt sich ein feuriger Drache, der für Stärke steht, aus dem fünften Kelch kriecht eine Schlange, Symbol für Sexualität. Im sechsten Kelch steht eine Burg, die für Sicherheit und Stabilität steht, im siebten eine geheimnisvolle Figur in einem Mantel, das Bildnis des wahren Selbst, das enthüllt und entdeckt werden möchte. Zusammen ergeben sie das Bild starker Vorstellungskraft, Fantasie und großartiger Auswahlmöglichkeiten/Entscheidungen.

Deutung

Die Sieben der Kelche ist eine Karte mit vielen Optionen. Die Wahl kann allerdings herausfordernd sein. Es ist die Karte der Fantasie und Tagträume, die aus den gedanklichen Wolken in die Wirklichkeit versetzt werden müssen, damit sie fassbar werden.

Zwar ist die Karte dem Wasser zugeordnet, aber die Träume sind nicht auf Romantik und Beziehungen beschränkt. Vielleicht haben Sie selbst auch schon diversen Träumen und Wünschen nachgehangen. Wenn diese Karte dann gezogen wird, ist die Hauptbotschaft, dass man sich auf eine Sache konzentrieren muss. Wenn es keinen Fokus und keine Erdung gibt, bleiben alle Träume „Wolkenkuckucksheime", sie werden nicht real.

Die Sieben der Kelche bietet eine große Palette an Möglichkeiten, jedoch hat sie eine Kehrseite. Denn wenn alles möglich ist, fällt die Wahl schwer, besonders weil sie den Ausschluss anderer Möglichkeiten verlangt. Die Schattenseite der Sieben der Kelche ist eine zu große Auswahl, die genauso schwierig sein kann wie eine zu kleine.

DIE ACHT DER KELCHE

Element: Wasser

Der abnehmende Mond symbolisiert das Ende von etwas

Die sorgfältig gestapelten Kelche zeigen, dass sich jemand viel Mühe gegeben hat

Die Berge sind kahl und geben keinen Hinweis darauf, was kommt

Die Figur hat der Vergangenheit den Rücken gekehrt

THEMA *Regeneration*

Eine Figur in einem dunkelblauen Mantel steigt einen Berg zum kargen Gipfel hoch. Dabei kehrt sie uns den Rücken zu. Über einen sanften Wasserfall neben ihr fließt Wasser den Berg hinab, Symbol für das Element Wasser und die Gefühlszuordnung der Kelchkarten. Acht Kelche sind sorgfältig aufeinandergestapelt. Sie bilden einen Bogen, durch den die Figur gerade gelaufen ist. Die Person läuft weiter auf die kargen Berge zu, hin zu einer bedeutungsvolleren Situation. Die Kelche stehen aufgerichtet und scheinen voll zu sein, dennoch wurden sie stehengelassen. Ein abnehmender Mond erscheint am Himmel als Zeichen dafür, dass etwas endet.

Deutung

Acht ist die Zahl von Tod und Wiedergeburt – oder Regeneration –, es liegt also eine Veränderung in der Luft. Die Acht der Kelche bedeutet, dass etwas, was Ihnen am Herzen liegt – eine Beziehung, ein Lebensstil oder vielleicht ein liebgewonnenes Projekt –, nicht länger funktioniert. Das Bild sagt deutlich, dass viel Zeit und Energie in die Beziehung investiert wurden, denn die Kelche wurden liebevoll und aufmerksam aufeinandergestellt. Das allein ist aber kein Garant für das Gelingen einer Beziehung oder eines Projekts. Der Versuch allein führt nicht zwangsläufig zum Erfolg.

Wenn etwas stagniert und nicht vorankommt, muss man sich anderen Dingen zuwenden. Die Acht der Kelche markiert diesen Zeitpunkt. Die Figur auf der Karte dreht bewusst allem, woran sie zuvor gearbeitet hat, den Rücken zu. Das heißt, sie hatte keine andere Wahl, als das Alte für das unbekannte Neue zu verlassen. Die aufrechten Kelche sind voll, aber nicht länger von Bedeutung, die Person lässt sie und die Vergangenheit stehen. Die Stimmung mag düster sein, dennoch kündet sie von einer notwendigen neuen Phase im Leben. Ein Versagen zum jetzigen Zeitpunkt kann zum Stillstand führen.

DIE NEUN DER KELCHE

Element: Wasser

Die offene Umgebung zeigt, dass nichts die Freude des Moments begrenzt

Die Spring-brunnen stehen für überbordende Gefühle

Das Paar umarmt sich und zeigt so die Liebe füreinander

Das Festessen auf dem Tisch symbolisiert emotionale Nahrung und sinnliche Erfüllung

THEMA *Sinnliche Erfüllung*

Das Bild auf der Kelch-Neun symbolisiert emotionale Glückseligkeit. Ein junger Mann und eine junge Frau umarmen sich zärtlich. Sie stehen neben einem Tisch, der beladen ist mit Früchten und Blumen, die für die Freude an guten Dingen stehen. Auf dem Tisch liegt ein hellblaues Tischtuch als Erinnerung an das Element Wasser, neun volle

Kelche wurden darauf angeordnet. Weiter hinten symbolisieren Wassergärten und Springbrunnen ein beständiges Auf und Ab der Gefühle. Es scheint sich um eine Kombination von sinnlicher Freude und emotionaler Erfüllung zu handeln. Es zeigt ganz offensichtlich einen besonderen Moment, einen Höhepunkt im Leben und nichts Alltägliches.

Deutung

Traditionell gilt die Neun der Kelche als „Wunschkarte", da sie in Aussicht stellt, dass ein Traum oder ein Wunsch wahr wird. Der Traum selbst ist dabei häufig mit Gefühlen und Beziehungen verbunden, kann sich aber auf alles andere beziehen, das Ihnen am Herzen liegt.

Die Neun der Kelche deutet auf eine besondere Zeit hin, auf etwas Außergewöhnliches, eine Phase voller Sinnesfreuden, dafür steht das Festmahl in einem zauberhaften Rahmen. Für alle fünf Sinne ist in dieser Szene gesorgt, vor allem, wenn wir uns das Geräusch der Springbrunnen dazu denken, die Musik, den Duft des guten Essens und feines Parfüm. Natürlich sind solche besonderen Momente bald vorbei, aber sie sind wertvoll, wir müssen sie genießen, solange sie dauern.

Wird diese Karte gelegt, heißt es, dass die Zeit reif ist, Beziehungen zu genießen und sich völlig für die Umsetzung eines geliebten Traums einzusetzen. Dies ist keine „magische" Karte, die wie im Märchen drei Wünsche erfüllt, aber sie ist ein Hinweis auf eine gute Zeit für Sie, in der Sie sich daran machen sollten, Ihre Träume wahr werden zu lassen.

DIE ZEHN DER KELCHE

Element: Wasser

Der Fluss steht
für den stetigen
Fluss der
Gefühle

Die Familie
aus zwei
männlichen und
zwei weiblichen
Mitgliedern
symbolisiert
Ausgewogenheit

Das Haus
repräsentiert
Stabilität

Der Garten
ist ein
Sinnbild für
Fruchtbarkeit

THEMA *Zufriedenheit und glückliches Privatleben*

Die Zehn der Kelche zeigt im Gegensatz zum üppigen Festmahl der Neun eine unschuldige Familienszene. Ein Paar umarmt sich, während es seinen Kindern beim zufriedenen Spiel zusieht. Die Gruppe strahlt Harmonie aus. Zehn Kelche stehen aufrecht in einer Art magischen Zirkels um die Familie herum. Das Bild wirkt unbeschwert. Aus der

Zufriedenheit in Beziehungen entsteht Freude. Der Garten als Symbol der Fülle der Natur und das Haus, das für Stabilität steht, stehen fest hinter der Familie. Zusammen bilden sie ein starkes Fundament und spiegeln die Mühe und Sorgfalt wider, die auf sie angewandt werden. Der Fluss erinnert uns an das Element Wasser und die emotionale Natur der Kelchkarten. Er fließt durch die Landschaft und steht für die Bedeutung des ständigen Flusses der Gefühle.

Deutung

Zehn ist die Zahl der Vollendung mit der Eins des Anfangs neben der Null des Geists. Wenn der Zyklus mit der Zehn vollendet ist, kann mit der Eins ein neuer Kreislauf beginnen. Auch wenn das Bild auf der Karte die Familieneinheit zeigt, beschränkt sich die Auslegung nicht auf das Familienleben. Wird sie gelegt, ist das ein Zeichen für Zufriedenheit und emotionaler Erfüllung in Beziehungen aller Arten, romantisch, platonisch oder familiär.

Das Gefühl dieser Karte unterscheidet sich von der überbordenden Freude der Neun, da sie eine dauerhafte Zufriedenheit und den Genuss an alltäglichen Freuden darstellt. Die Zehn der Kelche weist eher auf Wohlbehagen hin als auf Ekstase und damit auf eine längere Dauer als die Neun. Die Zehn zeigt Dankbarkeit für die einfachen Freuden im Leben, wie eine liebevolle Beziehung. Sie enthüllt die tiefe Dankbarkeit, die das Teilen und Wertschätzen von Gefühlen auslöst. Die Karte sagt aus, dass es ständiger Bemühungen bedarf, um solch einen Zustand zu erlangen und noch mehr, ihn zu erhalten. Oder anders ausgedrückt: Der Genuss der Zehn der Kelche ist verdient und nicht geschenkt.

DER BUBE DER KELCHE

Element: Wasser

Der Fisch ist ein Sinnbild für die Fähigkeit, tiefes Verständnis der inneren Welt zu erlangen

Das Fischmuster auf der Kleidung symbolisiert Erkenntnisse, die aus tiefen Gefühlen resultieren

Das Wasser steht für Gefühle

THEMA *Neuanfänge auf Gefühlsebene*

Alle Buben werden jugendlich dargestellt, weil sie für etwas stehen, das gerade begonnen hat. Der Bube der Kelche zeigt einen Jungen, dessen Tunika ein Muster aus Fischen hat, Symbole tiefer Gefühle. Seine Kleidung ist in den Wasserfarben der Kelche gehalten und er steht neben einem Fluss, der Assoziationen mit dem Element Wasser weckt. Er spiegelt sich im Wasser und erinnert daran, dass wir uns in den Augen anderer sehen. Der Bube der Kelche hält mit beiden Händen einen goldenen Kelch, als ob er alles ergreifen wollte, was ihm angeboten wird. Er schaut den kleinen Fisch, der aus dem Kelch herausschaut, intensiv an. Der Fisch steht für die Fähigkeit, tiefes Verständnis der inneren Welt zu erwerben. Wie ein Fisch können solche Erkenntnisse schnell entwischen und durch die tiefen Wasser der Gefühle flitzen, so dass wir nur ab und an einen Blick auf sie erhaschen können.

Deutung

Wird der Bube der Kelche gelegt, gibt es viele Auslegungen. Auf wörtlicher Ebene könnte das die Geburt eines Kindes sein, auf innerer Ebene aber auch ein Hinweis auf eine neue Beziehung oder die Entstehung neuer Gefühle. Er kann auch für einen Sinneswechsel in einer emotionalen Sache stehen oder auf etwas Neues im Reich der Fantasie oder künstlerischen Talenten.

Die Fantasie der Kelche ist eine andere als die der Stäbe, sie ist sanfter und vernünftiger. Die Kreativität der Kelche ist weniger extrovertiert und überschäumend als die der hitzigen Stäbe. Sie ist eher nach innen gerichtet, reflektierend, passiv. Die Buben werden durch Kinder dargestellt, denn die Gefühle und Ideen, um die es bei ihnen geht, sind noch ungeformt. Die Ideen sind noch nicht zur Reife gelangt. Sie symbolisieren außerdem einen Schatz an Fähigkeiten und Möglichkeiten in Bezug auf Beziehungen oder Kreativität, aber alles steckt noch in den Kinderschuhen.

DER RITTER DER KELCHE

Element: Wasser

Er hält den
Kelch in der
linken Hand der
Kreativität

Der geflügelte
Helm steht für
die Schwingen
des Geistes

Fische als
Symbol für das
Sternzeichen
Fisch

Der Fluss
repräsentiert
Gefühle

THEMA *Der Liebhaber*

D er Ritter der Kelche ist der personifizierte „Ritter in schimmernder Rüstung". Er trägt einen geflügelten Helm und reitet ein wunderschönes weißes Pferd, das ruhig voranschreitet. Die Tunika über seiner Rüstung hat ein Fischmuster, das für das Sternzeichen Fisch steht. Ein breiter Fluss repräsentiert die Verbindung der Kelche mit dem

Element Wasser. Er schlängelt sich durch die Felder. Der
Ritter der Kelche hält seinen Kelch mit links – der kreativen
Seite – vor sich und schaut intensiv hinein. Er ist ein romanti-
scher Idealist, der im Namen der Liebe alles tun würde.

Deutung

Der Ritter der Kelche ist idealistisch, traditionell ein Liebhaber oder einer, der heiraten möchte. Im Grunde seines Wesens
ist er ein Träumer, der sich nach Romantik und idealer Liebe
sehnt.

Kommt der Ritter der Kelche in einem Legesystem vor,
kann es Zeit für Sie sein, Ihre Ideale und Wünsche zu verfolgen und sich auf die Suche nach dem Schönen und Edlen im
Leben zu machen. Das Sternzeichen Fisch ist für seine Opfer-
bereitschaft bekannt, besonders im Namen der Liebe. Fisch ist
ein Wasserzeichen, seine Träger sind sehr gefühlsbetont und
reagieren auf Situationen häufiger emotional statt rational. Bei
Fischen und dem Ritter der Kelche regiert das Herz über den
Verstand. Viele Fische-Geborene haben ein freundliches und
mitfühlendes Herz, besonders gegenüber Benachteiligten. In
ihrem positivsten Licht inspirieren sie, sind einfallsreich und
erfinderisch. Die Schattenseite des Sternzeichens und somit
auch des Ritters der Kelche ist der Hang, launisch und ver-
sponnen zu sein und sich in einer Fantasiewelt zu verlieren.

Wird der Ritter der Kelche gezogen, deutet er darauf hin,
dass die Romantik Einzug in Ihr Leben hält. Das kann eine
Person sein, auf die die Beschreibung „Geliebter oder Verfüh-
rer" passt oder eine Aufwallung an romantischen oder künstlerischen Gefühlen in Ihnen sein.

DIE KÖNIGIN DER KELCHE

Element: Wasser

Die Krone ist aus Fischschwänzen gemacht

Die Meerjungfrauen symbolisieren die Brücke zwischen dem Bewussten und dem Unbewussten

Die Delfine repräsentieren Wasser

Der Thron aus Austernschale steht für die Tiefe von Gefühlen

Das Meer ist Sinnbild für die Weite der Gefühlswelt

THEMA *Die Geliebten*

Die schöne Königin der Kelche sitzt auf einem Thron aus Austernschalen, der von Kreaturen der Tiefe, Delfinen und Meerjungfrauen, gehalten wird. Die Meerjungfrau ist ein wunderbares Bild für die Königin der Kelche: halb Frau, halb Fisch überbrückt sie die Kluft zwischen der bewussten, sterblichen Welt und dem unbewussten – fast magischen – Ozean der Gefühle. Der Thron steht im Meer, eindeutiges Symbol für Gefühle, denn wie sie ist es niemals gleich: manchmal rau und wütend, dann wieder ruhig und friedlich. Das Kleid der Königin fließt wie Wasser in die Wellen zu ihren Füßen und verdeutlicht, dass sie im Einklang mit der Tiefe ihrer Gefühle ist. Sie blickt nachdenklich in ihren Kelch, während sie ihre Gefühle überdenkt und entwickelt.

Deutung

Die Königin der Kelche repräsentiert eine Person, die in starkem Einklang mit ihren Emotionen steht. Gefühle sind ihr äußerst wichtig. Die Karte bedeutet, dass höchstwahrscheinlich Probleme emotionaler Art aufkommen werden und alle Arten Beziehungen betreffen können: platonische, familiäre oder romantische und alles deutet darauf hin, dass die Gefühle nicht ignoriert werden dürfen.

Die Königin der Kelche ist dem Wasserzeichen Skorpion zugeordnet. Skorpione sind leidenschaftlich und verführerisch, gleichzeitig geheimnisvoll und verschlossen. Sie sind unabhängige und interessante Menschen. Gleichzeitig sind sie höchst intuitiv und verlassen sich völlig auf ihre Instinkte. Sie sind bekannt für ihre Entschlossenheit und ausgeprägten Kontrollwillen. Die Königin der Kelche möchte ihre Gefühle beherrschen. Sie repräsentiert die hypnotische magische Macht der weiblichen Gefühlswelt, verführerisch und faszinierend, aber unergründlich.

Wird diese Karte gelegt, kann es sein, dass jemand in Ihr Leben eintritt, den Sie sehr attraktiv und anziehend finden oder dass jemand sich in Sie verliebt. Alternativ kann es wichtig sein, dass Sie sich intensiv um Ihre Gefühle kümmern, um sich bewusst zu werden, was tief in Ihnen vor sich geht.

DER KÖNIG DER KELCHE

Element: Wasser

Er hält den Kelch in der rechten Hand des Handelns

Der dekorative Fisch ist Symbol für kontrollierte Gefühle

Der springende Fisch steht für unkontrollierte Gefühle

Der Krebs, der aus dem Wasser krabbelt, verbindet den König und das Sternzeichen Krebs

THEMA *Jemand, der gleichzeitig liebt und fürchtet*

Ein König mit Krone sitzt auf einem schön behauenen Steinthron inmitten eines aufgewühlten Meeres, dennoch sind seine Füße trocken. Das Meer steht für die unbewusste Welt der Gefühle und Intuition, die wir bewusst nicht kontrollieren können. Zwar würde der König der Kelche gerne die Wellen befehligen, aber ihm ist bewusst, dass ihm das nicht möglich ist, und so vermeidet er den offenen Kontakt zum Wasser. Der König der Kelche ist mächtig, er sitzt fest auf seinem Thron. Den Kelch hält er mit der rechten Hand, der Seite des Handelns, auf eine Weise, wie er den Reichsapfel halten würde, als Zeichen seiner Autorität. Hinter seinem Thron springt ein Fisch in die Luft und repräsentiert die Kraft der Kreativität und Fantasie, aber der König scheint ihn nicht zu bemerken.

Deutung

Der König der Kelche steht für jemanden, der emotional beteiligt sein möchte, aber trotzdem darauf bedacht ist, dass die Gefühle nicht die Oberhand bekommen, denn sie sind mehrdeutig und verwirrend. Die Wasserwelt der Gefühle, für die die Kelche stehen, ist für die männliche Energie, für die der König steht, auf vielerlei Arten ein schwieriger Ort. Zwar sind die Könige im Tarot nicht immer Männer (so wie Königinnen nicht immer Frauen sind), dennoch sind sie Symbole männlicher Energie: dynamisch, aktiv, direkt. Wird der König der Kelche gezogen, heißt das, dass es den starken Wunsch gibt, eng mit anderen Menschen verbunden zu sein, diese Intimität aber gleichzeitig gefürchtet wird.

Der Krebs steht für das Sternzeichen Krebs und ein passendes Bild für Mehrdeutigkeit, denn Krebse gehören weder ganz aufs Land noch ins Wasser. Genauso verhält es sich mit Menschen des Sternzeichens Krebs, die sich nach Beziehungen sehnen, aber Angst vor einem engen Kontakt mit anderen haben. Wird der König der Kelche gelegt, heißt das entweder, dass jemand in Ihr Leben tritt, der mitfühlend und engagiert ist, aber gleichzeitig Angst hat, zu stark involviert zu werden oder dass Sie sich mit diesem Aspekt in Ihrer eigenen Psyche auseinandersetzen sollten.

Beispiel: Kelche deuten

Ein Mädchen mit Namen Jemima wollte erfahren, was sie in Sachen Beziehungen erwartet. Sie stand kurz vor ihrem Universitätsabschluss, aber wusste noch nicht, was sie hinterher damit anfangen wollte. Sie zog die folgenden Kelchkarten:

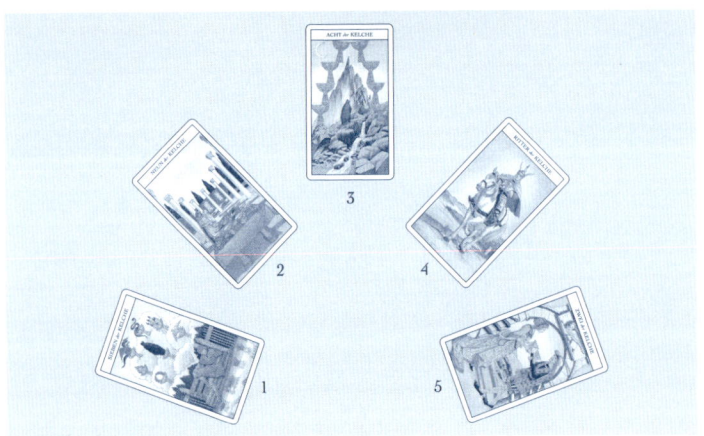

1. Gegenwärtige Situation: Sieben der Kelche

Die Sieben der Kelche ist ein Hinweis auf viele Träume und Möglichkeiten, die aber nur real werden, wenn man aktiv wird. Jemima hatte verschiedene Vorstellungen darüber, was sie machen wollte, aber sie dachte, sie müsse erst einmal abwarten, wie sie bei den Prüfungen abgeschnitten hatte.

2. Gegenwärtige Erwartungen: Neun der Kelche

Diese Karte bedeutet, dass ein äußerst wichtiger Traum wahr werden kann. Jemima war zerrissen zwischen dem Wunsch auf gute Prüfungsergebnisse und der Sehnsucht nach dem Heiratsantrag des Mannes, in den sie gerade verliebt war.

3. Das Unerwartete: Acht der Kelche

Die Acht der Kelche steht dafür, etwas zu verlassen, in das man viel Zeit und Energie gesteckt hat, weil es nicht funktioniert. Als wir darüber sprachen, dachte Jemima, die Karte bezöge sich auf ihre aktuelle Beziehung. Es war ihre erste ernsthafte Liebesbeziehung, in die sie Herz und Seele gesteckt hatte, dennoch schienen ihre Bemühungen nicht bemerkt und erwidert zu werden. Es fiel ihr sehr schwer, darüber nachzudenken, sie zu beenden, aber sie konnte erkennen, dass die Beziehung nicht so funktionierte, wie sie es gern hätte.

4. Unmittelbare Zukunft: Ritter der Kelche

Die Karte steht für Romantik und neue Liebe in Jemimas Leben. Sie sollte ihre eigenen Vorstellungen von Romantik und Beziehungen entwickeln und sie erproben, bevor sie sich festlegt. Sie gab zu, dass sie zu jung für eine Ehe sein könnte, die Idee gefiel ihr dennoch gut.

5. Entferntere Zukunft: Zwei der Kelche

Die Karte deutet auf eine Beziehung hin, die auf Freundschaft und Ebenbürtigkeit basiert. Die Zwei der Kelche steht für eine gesunde Balance zwischen Gegensätzen und einer Beziehung, die auf Teilen und Geben fußt.

Folgerung

Jemima muss einige ihrer Träume fallenlassen, damit sie einen verwirklichen kann (Sieben der Kelche). Obwohl einer ihrer Wünsche in Erfüllung gehen könnte (Neun der Kelche), muss sie ihre aktuelle Beziehung objektiver betrachten und einschätzen (Acht der Kelche). Vielleicht fängt sie eine neue Beziehung an (Ritter der Kelche), die sie dazu ermutigt, ihre eigenen Gefühle eingehender und ehrlich zu analysieren. Das könnte ihr dabei helfen, langfristig eine gute Beziehung aufzubauen (Zwei der Kelche).

DAS ASS DER STÄBE

Element: Feuer

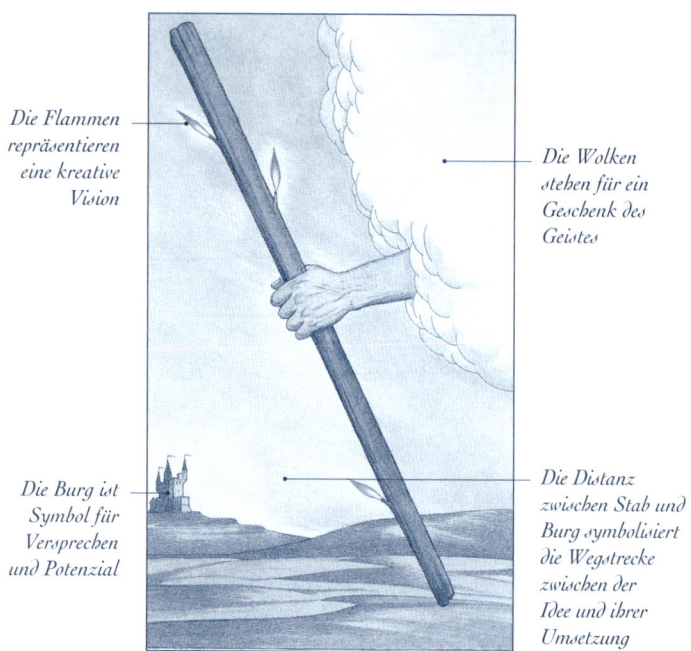

Die Flammen repräsentieren eine kreative Vision

Die Wolken stehen für ein Geschenk des Geistes

Die Burg ist Symbol für Versprechen und Potenzial

Die Distanz zwischen Stab und Burg symbolisiert die Wegstrecke zwischen der Idee und ihrer Umsetzung

THEMA *Überschäumende Kreativität*

Aus den Wolken schiebt sich eine Hand heraus, die einen Stab hält. Das Bild stellt ein Geschenk von oben dar. Am Stab brennen drei kleine Flammen, sie stehen für Kreativität, Fantasie und Vision. Diese drei Funken sind notwendig, damit Inspirationen Einzug in die materielle Welt finden. Der Stab ist leicht nach links geneigt, der Seite der Kreativität. Die

Landschaft ist offen und leer, der Himmel klar und ruhig. Im Hintergrund steht eine Burg, Symbol für zukünftige Versprechen. Zwischen Stab und Burg ist der Abstand zwischen der Idee und ihrer Umsetzung.

Deutung

Die Stabkarten stehen für Aktivität, Bewegung, Kreativität, die Asse – oder Einsen – für einen Neubeginn. Das Ass der Stäbe kennzeichnet also einen Anfang voller Energie und Unternehmungsgeist. Die Stäbe sind mit dem Element Feuer verbunden, ruhelos, abenteuerlustig und ideenreich. So besagt das Ass der Stäbe, dass es Zeit ist für eine neue kreative Unternehmung, die künstlerisch sein kann, aber sich genauso gut aufs Geschäftsleben beziehen kann. Was bei allen Projekten gleich ist, damit sie auf den Weg gebracht werden können, ist ihr Anfangsfunke, die Inspiration, für den das Ass steht.

Der positive Aspekt des Asses der Stäbe ist der enorme Enthusiasmus und schier unendliche Optimismus. Dabei ist es unerlässlich, sich vor Augen zu halten, dass jede neue Idee sorgsam gepflegt werden muss, damit sie Früchte tragen kann. Anders gesagt: Es reicht nicht, eine Idee zu haben, es braucht auch eine Verbindung zwischen dem Stab und der Burg.

Legen Sie diese Karte, werden Sie vermutlich schon bald einen Energieschub verspüren und den Drang, in einer neuen Angelegenheit tätig zu werden. Das neue Projekt könnte sowohl im Kunstbereich, aber auch im Geschäftlichen liegen, wie zum Beispiel die Gründung einer neuen Firma.

DIE ZWEI DER STÄBE

Element: Feuer

Der rechte
Stab steht für
Handlung,
der linke für
Passivität,
die Figur
dazwischen
wirkt
ausgleichend

Die Stufen
zum Wasser
stehen für den
vorgezeichneten
Pfad

Salamander
repräsentieren
das Element
Feuer

Umhang und
Stiefel deuten
auf eine Reise
hin

THEMA *Es steht Arbeit an*

Ein Mann blickt über den Hafen hinweg auf das Meer. Das Meer ist Symbol für unbekanntes Terrain, das zu Beginn einer neuen Unternehmung vor ihm liegt. Auf das Meer zu schauen, verursacht häufig ein Staunen, gepaart mit der Angst, was aus den Tiefen heraufsteigen könnte. Die Person hält einen Stab in jeder Hand: Einer neigt sich etwas nach rechts und signalisiert Handlung, der andere nach links als Hinweis auf Kreativität. Zusammen ergeben sie das Bild ausgewogener Kräfte. Der Mann steht am Beginn einer Reise, die Idee dafür entstammt dem Ass. Viele Vorbereitungen und Planungen wurden im Vorfeld dafür getroffen. In die Mauer sind zwei Salamander gemeißelt, die legendären Eidechsen, die angeblich im Feuer leben und uns an die feurige Natur der Stäbe erinnern.

Deutung

Die Zwei der Stäbe ist eine duale Karte. Aus der einen Idee, die im Ass aufgekommen ist, sind zwei geworden. Die Zwei der Stäbe symbolisiert die Balance zwischen Handlung und Passivität, dargestellt durch die beiden Stäbe in den Händen, rechts und links. Zusammen ergeben die beiden Stäbe Ausgeglichenheit.

Die Kernbotschaft der Karte ist jedoch die Gelegenheit, die noch wahrgenommen werden muss. Wird die Karte gezogen, heißt das, dass Entscheidungen und Vorbereitungen stattfanden, aber die eigentliche Reise noch nicht angetreten wurde. Die Person steht in Reisekleidung auf der Mauer mit zwei Stäben in der Hand als Zeichen dafür, was schon erreicht wurde, der Blick zum Horizont für das, was noch kommen mag. Die Karte ist voller Energie und Unternehmungsgeist, Enthusiasmus und Leidenschaft, dennoch ausgeglichen.

Die bestmögliche Aussage der Zwei der Stäbe ist die Aussicht auf ein neues Projekt, das auf festem Fundament steht. Die schlimmste deutet auf ewiges Planen hin, ohne dass jemals der erste Schritt gemacht wird. Ziehen Sie diese Karte, werden Sie wahrscheinlich mit vielen Möglichkeiten für Ihre Zukunft konfrontiert sein, deren Ausgang alles andere als klar ist.

DIE DREI DER STÄBE

Element: Feuer

Die fest auf dem Boden stehenden Stäbe sind ein Zeichen für ein sicheres Projekt

Die Pyramiden stehen für altes Wissen

Die Schiffe repräsentieren die Vorstellungskraft

Der Salamander steht für die Magie des Elements Feuer

THEMA *Vollendung der ersten Phase*

Ein Mann blickt über das Wasser, über das die Schiffe seine Ideen zuversichtlich zum Ziel transportieren. Die Pyramiden weiter hinten stehen für uraltes Wissen und Weisheit. Drei Stäbe stecken fest im Boden als Zeichen für das, was schon erreicht wurde. Der Mann steht fest in dem Wissen, dass seine Vision Realität wird. Die kleinen Flammen auf den

Stäben repräsentieren eine nie nachlassende kreative Vision. Der Mann trägt noch immer seinen Mantel und die Reisestiefel, obwohl er schon viel erreicht hat, denn seine Reise hat gerade erst begonnen. Die Landschaft um ihn herum ist karg und sandig und erinnert an die starke Hitze der Sonne – ein Hinweis darauf, dass noch nichts ganz feststeht und Gelegenheiten für neue Projekte noch nicht wahrgenommen wurden.

Deutung

Drei ist die Zahl des abgeschlossenen Anfangs. Die Drei der Stäbe zeigt an, dass dies die erste Phase einer Unternehmung ist. Die Idee, die mit dem Ass geboren und mit der Zwei vorbereitet wurde, hat mit der Drei erste Ergebnisse erzielt. Wenn die Karte gezogen wird, ist meist jemand gemeint, der etwas erreichen wollte und ein bestimmtes Ziel vor Augen hatte, von dem er glaubt, dort angelangt zu sein. Manchmal jedoch stellt sich heraus, dass das ursprünglich anvisierte Ziel tatsächlich nur der Anfang ist. Die Drei der Stäbe beschreibt diese Erfahrung. Hat man das ursprünglich angestrebte Ergebnis erreicht, erkennt man, dass noch ein langer Weg zu gehen ist. Es gibt noch viel zu tun und zu entdecken, bevor das wirkliche Ende der Reise in Sicht kommt.

Diese Erkenntnis kann entweder enttäuschend oder aufregend sein, das ist Ansichtssache. Das Element Feuer reagiert positiv auf Inspiration. Die Vision und die Aufgabe können manchmal aufregender sein, als das Ziel zu erreichen. Das Ergebnis der Stab-Drei ist zufriedenstellend, aber noch lange nicht das Ende der Straße.

DIE VIER DER STÄBE

Element: Feuer

Orangen sind
Sonnenfrüchte
und daher feurig

Die
schmückende
Girlande ist
Hinweis auf
ein Fest

Der Kranz ist
ein Symbol
für Erfolg

Vier Stäbe für
Sicherheit und
Stabilität

THEMA *Eine Zeit für Belohnungen*

Vier ist die Zahl der Stabilität. Die Karte zeigt einen
Baldachin aus Früchten und Blumen, der von vier Stäben
gestützt wird, die fest im Boden stecken und Stabilität symbolisieren. Ein Mann steht darunter und hebt in einer Geste
des Triumphs einen Kranz über seinen Kopf. Es ist derselbe
Reisende wie bei der Zwei und der Drei der Stäbe. Die Vier

der Stäbe zeigt ihn bei einer willkommenen Rast, in der er wohlverdientes Lob erhält, bevor er zum nächsten Schritt weiterzieht. Die Girlanden symbolisieren eine Zeit des Feierns und der Belohnung. Nicht weit entfernt steht eine Burg, Zeichen für Vollendung und Leistung. Eine Menschenmenge kommt ihm entgegen und heißt ihn zu Hause willkommen. Der Salamander erinnert uns an die feurige Natur der Karte.

Deutung

Die Vier der Stäbe hat einen Preis im Angebot. Das Bild spricht von wohlverdienter Belohnung und Hochgefühl. Wird die Karte gezogen, kann die Botschaft der fruchtbehangenen Girlanden nach einer Phase harter Arbeit und viel Mühe der Hinweis auf eine Zeit des Feierns und der Beglückwünschung sein. Sie ist traditionell als „Erntefest" bekannt, das nach wochenlangen Erntearbeiten gefeiert wird.

Da die Kartenfarbe der Stäbe dem Feuer zugeordnet ist, beschreibt die Vier der Stäbe häufig den freudigen Moment, in dem ein kreatives Projekt, das die ersten Phasen der Inspiration und akribischer erster Arbeiten durchlaufen ist, plötzlich Form annimmt. Vergleichbar wäre eine Investition, die erste Dividenden abwirft. Aber da die Vier einen frühen Platz in der Reihenfolge einnimmt, symbolisiert sie zwar anfänglichen Erfolg, aber gleichzeitig gilt es, weitere Berge zu erklimmen. Die Vier der Stäbe erlaubt nur eine kurze Erholungspause, bevor die Reise weitergeht. Die Warnung, die aus der Karte spricht, ist, dass es nicht gut ist, sich zu lange im warmen Licht des Erfolgs zu sonnen.

DIE FÜNF DER STÄBE

Element: Feuer

Die Flammen
an den Stäben
symbolisieren
das kreative
Element des
Feuers

Die gekreuz-
ten Stäbe sind
Zeichen für
Schwierigkeiten
und Hindernisse,
die der
Vorstellungskraft
im Weg stehen

Der Salamander
steht für das
kreative Wesen
der Anstrengung

THEMA *Kampf und Frust*

Im Allgemeinen steht die Zahl Fünf im Tarot für Konflikt und
Ärger. Das Bild der fünf Männer in einem offenen Konflikt
gibt das gut wieder. Es ist allerdings deutlich zu sehen, dass
die Männer sich gegenseitig nicht ernstlich schaden wollen.
Stäbe werden geschwungen, Nahkämpfe ausgefochten, aber
es fließt kein Blut. Das Bild strahlt Aggressivität aus und steht

eindeutig für Zorn und Ärger, Lebensgefahr besteht allerdings nicht. Die aufeinanderprallenden Stäbe deuten auf eine Phase kreativer Frustration hin, dass einer der Männer keine Schuhe trägt, auf Verletzlichkeit. Das bekannte Zeichen für Feuer – der Salamander – erinnert uns daran, dass der Grund für den Kampf im Bereich von künstlerischer Vision, Inspiration und kreativem Streben liegt.

Deutung

Wird die Fünf der Stäbe gezogen, scheinen Sie auf eine Zeit der Frustration und Verärgerung zuzusteuern, besonders bei kreativen oder künstlerischen Projekten.

Die Fünf der Stäbe deutet auf eine Zeit hin, wenn sich alles gegen Sie zu verschwören scheint. Egal, wie sehr Sie sich bemühen, die harte Realität steht Ihrer kreativen Vision ständig im Weg. Die Karte könnte die klassische Blockade von Schriftstellern und Künstlern beschreiben. Sie durchlaufen eine Phase kleinerer Ärgernisse, die im großen Ganzen wenig Bedeutung haben, die aber sehr zermürbend sein können. Am besten beschreibt vermutlich der Ausdruck „einen Schritt vorwärts, zwei zurück" diese Zeit.

Taucht die Karte auf, kommt es weder zu leichtem noch zu reibungslosem Fortschritt. Die Kommunikation bei der Arbeit und in privaten Beziehungen ist schwierig und verwirrend. Positiv ist, dass diese Phase nicht ewig andauernd wird. Häufig zwingen uns Reibungen und Frustrationen, zu neuen und bisweilen konstruktiveren Methoden zu greifen.

DIE SECHS DER STÄBE

Element: Feuer

Der Lorbeerkranz symbolisiert Erfolg und Sieg

Die Salamander-Verzierung erinnert daran, dass die Leistung im kreativen Bereich stattfindet

Die Menge jubelt in öffentlicher Anerkennung des Geleisteten

THEMA *Öffentliche Anerkennung und Erfolg*

Die Sechs steht im Tarot für Harmonie und Ausgleich, oft ein Hinweis darauf, dass ein Zyklus vollendet ist. Ein Mann hoch zu Pferd trägt den Lorbeerkranz des Erfolgs auf seinem Kopf. Mit einem Stab hält er einen weiteren Kranz aus Früchten und Blättern hoch. Seine loyalen Anhänger folgen ihm, alle halten ihre Stäbe froh und triumphierend hoch. Ganz deutlich geht es um einen Sieg. Das Bild sagt aus, dass die Widrigkeiten aus dem Weg geräumt sind, zumindest vorübergehend. Die Flammen an den Stäben und der Salamander, der das Pferdegeschirr schmückt, erinnern an das Element Feuer, dem die Stäbe zugeordnet sind und damit findet der Erfolg wahrscheinlich im kreativen Bereich statt.

Deutung

Die Sechs der Stäbe deutet auf einen Moment öffentlichen Beifalls oder Ruhms hin. Die Betonung liegt auf der Anerkennung und Bestätigung durch andere, nicht auf einem persönlichen Erfolgsgefühl. Die Welt scheint etwas bewertet und für gut befunden zu haben, so wird es zu einem öffentlichen Gut. Beispiele für eine solche Situation sind die Veröffentlichung eines Buchs, das Herausbringen eines Films oder einer CD, aber auch eine Beförderung im Job. Bei Letzterem ist Ihre ausgezeichnete Arbeit den relevanten Vorgesetzten aufgefallen, die daraufhin Ihr Ansehen in der Firma aufwerten. Die Karte beschreibt einen öffentlichen Erfolg und keine gute Arbeit, die hinter verschlossenen Türen ausgeführt wurde.

Hier liegt das Potenzial darin, dass aus öffentlicher Zustimmung leicht öffentliche Kritik werden kann. Und schnell wandelt sich der Status von berühmt zu berüchtigt.

DIE SIEBEN DER STÄBE

Element: Feuer

Die Stäbe symbolisieren kreative Ideen

Die Person wehrt die Stäbe ab, ein Zeichen für einen inneren Kampf oder inneren Konflikt

Der Mann ringt im Innern mit seiner Kreativität, daher braucht er keinen Schutz durch Stiefel oder Umhang

THEMA *Harter Wettbewerb*

Sieben ist die Zahl der Tiefe und der Weisheit. Das Bild zeigt einen Mann, der mit einem Stab in der Hand gegen sechs andere antritt, die ihn aus dem Nichts heraus anzugreifen scheinen – niemand sonst ist zu sehen. Der Mann ist umstellt, aber unberührt. Es ist eine starke und aktive Szene, die aber weder Gewalt oder echte Angst widerspiegelt. Der Mann kämpft mit seinen eigenen kreativen Kräften, die er verbessern und in den Griff bekommen muss. Er trägt keine Stiefel, nur Schuhe, und keinen Umhang: Die schützenden Gegenstände helfen ihm nicht im Ringen mit den eigenen Ideen. Er muss sich selbst schutzlos begegnen – keine leichte Aufgabe.

Wie üblich sind Flammen und der Salamander auf der Karte zu sehen, um uns daran zu erinnern, dass wir es mit der feurigen Welt der Vorstellungskraft zu tun haben. Die Farbe Rot ist vorherrschend und unterstreicht den kreativen Bereich des Problems.

Deutung

Traditionell steht die Karte für Konkurrenz und den Mut, dieser Konkurrenz entgegenzutreten. Erfolg und öffentliche Anerkennung gab es mit der Sechs der Stäbe, die Sieben der Stäbe signalisiert den nächsten Schritt, nämlich die Dynamik beizubehalten.

Ruhen Sie sich nicht auf Ihrem Erfolg aus, denn die Erwartungen an Sie sind nun hoch. Je mehr Sie erreichen und je besser Sie abschneiden, umso mehr Erwartungen müssen Sie erfüllen. Die Karte zeigt Ihnen, dass es Zeit ist, sich dafür einzusetzen, besser zu werden.

Legen Sie die Karte, kann eine berufliche Veränderung anstehen, die mehr Stärke und Entschlossenheit erfordert. Der Mann auf der Karte kämpft allein – gegen sich und gegen äußere Kräfte. Die äußere Welt geht nicht so streng mit ihm ins Gericht wie er selbst. Die Karte ist Hinweis auf einen gesunden und kreativen Konflikt, der äußerst produktiv sein kann. Sie weist auch darauf hin, dass es schwierig wird, wenn man sich im Detail verliert und das Ziel aus den Augen gerät.

DIE ACHT DER STÄBE

Element: Feuer

Die Stäbe fliegen durch die Luft als Zeichen für eine Umorientierung

Die Burg im Hintergrund steht für Hoffnungen und Wünsche

Der Salamander symbolisiert Optimismus und kreative Vision

THEMA *Handeln und Aufregung*

Auf dem Bild sehen wir einen Mann mit einem Bogen. Er schießt acht Stäbe ab, die frei durch den Himmel fliegen. Die Haltung des Bogenschützen ist aktiv und voller Elan, die flammenden Stäbe symbolisieren das kreative Element Feuer. Dass sie in mehrere Richtungen fliegen, ist ein Hinweis auf vorhandene Möglichkeiten. Die Stäbe weisen auf Inspiration und viele Ideen hin, die weite Landschaft ist der Hinweis, dass es genug Raum für ihre Entwicklung gibt. Die Burg auf dem Hügel ist das Ziel, das angestrebt wird, auch wenn es noch weit weg ist. Die Szene ist aktiv und positiv, voller Optimismus und Begeisterung. Der schon vertraute Salamander symbolisiert Feuer.

Deutung

Die Acht der Stäbe weist auf eine Menge Energie hin und den starken Wunsch zur Expansion. Die feurigen Stäbe sind in der Kombination mit der Acht, der Zahl der Regeneration, buchstäblich „in ihrem Element". Die Stab-Pfeile sind Zeichen für Neuanfänge im geschäftlichen oder kreativen Bereich, sie verkünden Hoffnungen und Träume. Die Zeit des Abwartens ist vorüber, jetzt heißt es „volle Kraft voraus".

Im Leben gibt es Phasen, in denen wir abwarten und beobachten müssen – jetzt ist keine davon. Wenn die Acht der Stäbe an prominenter Stelle liegt, signalisiert sie eine geschäftige, produktive Zeit, voller Aufregung, Reisen, Kommunikation und Abenteuer. Wie das Bild zeigt, fliegen die Ideen (Pfeile) schnell und entschlossen zur Burg der Verwirklichung und füllen den Himmel mit Möglichkeiten und Potenzial.

Wird die Karte gezogen, steht sie für Aktivität und Handeln, das Ende von Verzögerungen und eine Zeit, in der das Schicksal auf Ihrer Seite ist. Die negative Botschaft der Karte ist, dass vielleicht nichts davon zum Erfolg führt. Sie kann eine Situation mit unablässiger Aktivität beschreiben, in der jedoch nichts zu einem zufriedenstellenden Abschluss gelangt.

DIE NEUN DER STÄBE

Element: Feuer

Die acht Stäbe
stehen für das
bereits Erreichte

Der Verband
symbolisiert
eine Verletzung
der Ideen oder
kreativen Vision

Der neunte
Stab verteidigt
den bisherigen
Erfolg

THEMA *Innere Stärke*

Neun ist die Zahl der Stärke. Das Bild zeigt einen kämp-
fenden Mann, der sein Territorium verteidigt. Der Feind
ist zwar nicht zu sehen, aber offensichtlich fühlt sich der Mann
angegriffen und macht sich bereit, zu verteidigen, was ihm am
Herzen liegt. Es ist deutlich, dass seine Visionen einen Schlag
erhalten haben, denn der Kopf des Kämpfers, der der Sitz der

Ideen ist, ist verwundet. Aufgeben kommt für ihn dennoch nicht infrage. Der Mann steht fest auf dem Boden, wirkt mutig und entschlossen im Angesicht von Widrigkeiten. Der feurige Salamander und die rote Farbe seines Gewands erinnern daran, dass es höchstwahrscheinlich um kreative Probleme geht.

Deutung

Wird die Neun der Stäbe gezogen, weist das auf innere Stärke und Entschlossenheit hin. Sie befinden sich in einer gefährlichen Situation, die Ihnen viel abverlangt, aber Sie verfügen über ausreichend innere Ressourcen, um sich durchzukämpfen, auch wenn sie manchmal daran zweifeln. Die feurigen Stäbe besitzen ein starkes Konkurrenzdenken, für sie lohnt es sich immer, zu kämpfen, auch wenn es gefährlich ist.

Die Karte weist auf Ihre große Stärke und Ihren Mut hin, auf die Sie sich in kritischen Zeiten verlassen können. Diese inneren Ressourcen retten Sie in schwierigen Phasen. Verlassen Sie sich nicht auf Hilfe von außen. Die Karte stimmt Sie darauf ein, dass Sie auf Ihre Integrität und inneren Mut zurückgreifen werden müssen, um sich selbst aus einer Notlage zu befreien und Widerstand zu begegnen. Der vielleicht wichtigste Hinweis ist, dass Sie sich auf das beste Wissen überhaupt berufen sollen, nämlich das durch persönliche Erfahrung erworbene. Die Karte ist immer ein Zeichen für Kampf, trägt aber auch die Hoffnung auf Sieg in sich, wie hoffnungslos es auf den ersten Blick auch aussehen mag.

DIE ZEHN DER STÄBE

Element: Feuer

Die Stäbe sind gebündelt und dadurch sperriger als nötig

Die Straße zur Stadt hin windet sich, es ist kein gerader Weg

THEMA *Erdrückende Last*

Der Mann auf der Karte kämpft mit einem offensichtlich schweren und sehr ungeschickt zusammengefassten Bündel Stäbe. Er ist auf dem Weg in die Stadt, die noch sehr weit entfernt ist. Freude ist keine zu erkennen. Die feurige Kreativität der Stäbe, wie immer durch den Salamander symbolisiert, ist zur Last geworden. Die Stäbe sind nicht mehr frei, sie liegen dicht gedrängt aneinander und bilden eine riesige, schwere Bürde.

Die von Natur aus lebhaften Stäbe sind in der Zehn gedämpft. Bei genauer Betrachtung des Bilds gibt es keinen erkennbaren Grund, die Stäbe auf diese Weise zu tragen. Dem Mann steht es frei, das Bündel so zu arrangieren, wie es ihm gefällt, dennoch hat er sich für diese Art entschieden, die ihm die Sicht auf seinen Weg versperrt.

Deutung

Die Zehn der Stäbe stellt einen negativen Aspekt des Elements Feuer dar – den Wunsch, zu verleugnen, dass Grenzen und Einschränkungen existieren. Die feurigen Stäbe glauben generell, dass sie tun können, was immer ihnen gefällt, ohne dass es unangenehme Konsequenzen gibt. Die Zehn der Stäbe jedoch zeigt bildlich, was geschehen kann, wenn die Grenzen überschritten sind. Das Bündel behindert die Person auf dem Bild, aber es gibt keinen Hinweis darauf, dass er gezwungen ist, seine Last auf die Weise zu tragen.

Ein Beispiel für die Manifestation der Karte ist der Künstler, der begeistert Aufträge annimmt und irgendwann feststellen muss, dass er nicht in der Lage ist, sie alle auszuführen. Die Ideen und das Verlangen, Kreativität umzusetzen, fordern mehr, als der Körper zu leisten vermag. Die Karte ist ein Hinweis, dass die kreative Freude und Aufregung in der harten Realität gefangen sind und nicht weiter Grund zur Freude sind, sondern erdrücken und belasten. Natürlich gibt es für dieses Dilemma eine Lösung, aber nicht die magische, die den feurigen Stäben am liebsten ist. Im Gegenteil, sie liegt darin, sich die Zeit zu nehmen, die Last abzulegen und in Ruhe einen Plan auszuarbeiten, wie sie am bequemsten und effektivsten in die Stadt getragen werden kann.

DER BUBE DER STÄBE

Element: Feuer

Der Stab ist nach links geneigt, ein Hinweis auf Kreativität

Die rechte Hand steht fürs Handeln

Der Salamander als Zeichen für das Feuer befindet sich nah am Herzen

Die Sonnen auf dem Gewand repräsentieren das Feuer

THEMA *Ein Bote der kreativen Ideen*

Die Buben werden von jungen Menschen dargestellt, weil sie für die Eigenschaften der Kartenfarbe in ihrer einfachsten Form stehen. Der Bube der Stäbe steht stolz und optimistisch in einer von der Sonne ausgedörrten Landschaft, die an das feurige Element der Stäbe erinnert. In der rechten Hand, auf der Seite des Handelns, hält er den Stab, der sich etwas nach links neigt und so Handeln und Kreativität miteinander verbindet. Sein Umhang ist mit leuchtenden Sonnen dekoriert, wiederum Symbole für Feuer, und mit Salamandern umsäumt, den Eidechsen, die der Legende nach im Feuer leben. Seine Brustplatte ziert ein großer Salamander. An seiner Kappe steckt eine lange Feder, die Wahrheit symbolisiert. Der junge Mann hat einen festen Stand und blickt über den Horizont hinaus. Alle Buben sind Boten, die Neuigkeiten und Informationen verbreiten.

Deutung

Der Bube der Stäbe erscheint auf dem Bild als Kind, weil er etwas symbolisiert, das in seinen Anfängen steht. Kinder sind offen und unbefangen, ihr Eifer beim Lernen steckt positiv an. Ähnlich inspiriert der Bube der Stäbe die Menschen um ihn herum. In den Buben steckt viel Potenzial, aber wie alles, was jung und zerbrechlich ist, muss das Potenzial gepflegt und beschützt werden. Die Stäbe beschreiben die Fantasie und den kreativen Geist, der Bube weist darauf hin, dass etwas in diesem Bereich neu ist und sich gerade entwickelt.

Taucht der Bube der Stäbe auf, könnte es sein, dass eine Person in Ihr Leben tritt und Sie dazu inspiriert, sich auf kreative Projekte einzulassen. Oder die Inspiration könnte durch Studium oder Ausbildung geweckt werden, speziell in Fächern, die die Fantasie stimulieren und künstlerisches Schaffen fördern. Zwar ist das Ass in seiner Wirkung stärker, der Bube aber steht für den ersten Funken des Interesses, für die Flamme, die, einmal entfacht, zu etwas Großem werden kann. Der Spruch „aus kleinen Eicheln wachsen mächtige Eichen" passt auf den Buben. So kann eine scheinbar unbedeutende Idee zu einem Bestseller oder einem Blockbuster werden.

DER RITTER DER STÄBE

Element: Feuer

Die Feder steht für die Suche nach Wahrheit

Die Sonnen stehen für die Wärme des Feuers

Salamander symbolisieren Feuer und schmücken das Pferdegeschirr

Die Pyramiden symbolisieren Wissen

THEMA *Energie und Taten*

Der Ritter der Stäbe steht für Schnelligkeit, Bewegung und Schwung. Die Hufe des Pferdes berühren nicht den Boden, wenn der Ritter über die sonnenverbrannte Ebene galoppiert.

Es finden sich viele Symbole des feurigen Elements der Stäbe: Das Futter des Mantels ist mit Sonnen verziert, Salamander dekorieren das Geschirr des Pferdes. Eine große rote Feder weht triumphierend am Helm des Ritters. Das Bild ist aufgeladen mit Energie und Enthusiasmus. Die Pyramiden im Hintergrund symbolisieren uraltes Wissen, das der Ritter hinter sich lässt auf der Suche nach neuen Erkenntnissen. Er hält den brennenden Stab, Zeichen für die Fantasie, die er am höchsten von allem schätzt, hoch. Wie die meisten Ritter ist er auf der Suche.

Deutung

Der Ritter der Stäbe ist eine herrlich extravagante Figur. Er ist von Natur aus ein Abenteurer. Qualitäten wie eine starke Intuition, eine lebhafte Fantasie und die Fähigkeit, etwas Gewöhnliches zu etwas Außergewöhnlichem zu machen, zeichnen ihn aus.

Wird der Ritter der Stäbe gelegt, stehen oft Veränderungen an, externe oder interne oder auch beide. Steht der Ritter der Stäbe für eine Person, die in Ihr Leben tritt, hat diese einen unbeständigen, überschwänglichen Charakter, ist unglaublich kreativ und selbstsicher. Der Ritter ist tatsächlich so selbstsicher, dass es ihm nie in den Sinn kommt, dass er scheitern könnte. Daher geht er ohne zu zögern große Risiken ein. Seine unglaublich positive Haltung wird meistens mit Erfolg belohnt. Bleibt dieser aus, rappelt er sich schnell wieder auf und beginnt etwas Neues. Grübeln oder Bedauern sind ihm fremd. Der Ritter der Stäbe steht mit dem Sternzeichen Schütze in Verbindung, dem Sucher nach Wissen. Wenn die Karte für Ihre Person steht, kann es nötig sein, feurigen Optimismus und Enthusiasmus zu entwickeln und dem Leben mit einem Lächeln statt mit einem Stirnrunzeln zu begegnen. Steht die Karte für ein Ereignis, hat es häufig mit Weiterziehen zu tun – einem Wohnungswechsel, Jobwechsel oder sogar Auswanderung.

DIE KÖNIGIN DER STÄBE

Element: Feuer

Der Thron symbolisiert ihre Position in der Welt

Die Sonnenblume repräsentiert ihre Weiblichkeit

Das feurige Sternzeichen Löwe steht mit den Tieren Löwen in Verbindung

Der Stab in ihrer rechten Hand ist Zeichen ihrer starken Position

Die Katze steht für ihre Hingabe an ihr Privatleben

THEMA *Großzügigkeit und Stärke*

Die Königin der Stäbe ist eine majestätische Figur, die auf einem Steinthron sitzt, der üppig mit allen Symbolen der Stäbe verziert ist. Zwei gemeißelte Löwen, Sinnbilder für das gleichnamige Sternzeichen, stützen die Armlehnen des Throns, Flammen und Salamander zieren die Rückenlehne. Zu ihren Füßen liegt eine Katze, ein Symbol für Häuslichkeit, denn diese Königin schafft es, ihr Privatleben mit ihrer Stellung in der Gesellschaft zu vereinbaren. Sie hält eine Sonnenblume, ein Feuer-Symbol, in einer Hand und einen Stab als Zeichen ihrer Würde und Machtposition in der anderen.

Deutung

Die Königin der Stäbe ist eine interessante Mischung aus feurigem Enthusiasmus, Optimismus und Ehrgeiz. Ihr Wunsch nach aufrichtigen Beziehungen und einem schönen Privatleben ist stark ausgeprägt. Im Gegensatz zum Ritter der Stäbe geht die Königin keine Risiken ein. Sie spielt gerne, wenn sie davon ausgeht, dass sie gewinnt. Verlieren ist für sie viel schlimmer als für den Ritter, daher lernt sie ihre Grenzen kennen und handelt innerhalb dieser.

Die Königin der Stäbe ist mit dem Sternzeichen Löwe verbunden, das sowohl temperamentvoll als auch gesetzt ist. Bei der Königin der Stäbe gibt es daher Grenzen, anders als beim Schütze-Ritter oder Widder-König. Wird die Karte gezogen, kann die Königin der Stäbe für jemanden stehen, der in der Lage ist, sich gleichzeitig um viele verschiedene Bereiche des Lebens zu kümmern. Sie ist für die Familie da, erfolgreich und stark im Beruf und in kreativer oder künstlerischer Hinsicht interessiert. Wenn diese Karte darauf abzielt, dass Sie etwas an Ihrem Wesen entwickeln sollen, könnten es Vielseitigkeit und Kreativität sein. Die Königin der Stäbe ist eine großzügige Freundin, die ihr Glück gerne teilt. Sie ist loyal und zuverlässig, allerdings kann sie Dummköpfe nicht gut vertragen und wird unleidlich, wenn sie das Gefühl hat, ausgenutzt zu werden. Sie genießt Bewunderung und steht gerne im Mittelpunkt. Wenn sie für ein Ereignis steht, handelt es sich wahrscheinlich um einen Glücksfall, eine Gelegenheit, nach der Sie mit beiden Händen greifen sollten.

DER KÖNIG DER STÄBE

Element: Feuer

Die Löwen sind
Feuer-Zeichen

Die Salamander
sind Sinnbilder
für eine lebhafte
Vorstellungskraft

Die Widder
stehen für das
gleichnamige
Sternzeichen

THEMA *Charismatischer Anführer*

Der König der Stäbe sitzt auf einem Thron mit Feuersymbolen wie Löwen und Salamandern, zwei Widder bilden die Armlehnen. Den Widder finden wir im gleichnamigen astrologischen Sternzeichen wieder, das dem König der Stäbe zugeordnet ist. Der König hat einen Fuß vorgestellt, als ob er gerne aufstehen und etwas anpacken möchte. Seinen Stab benutzt er eher als Hilfe und nicht so sehr als Symbol für Kraft und Würde. Salamander schmücken seine Robe, sie stehen für die feurigen Attribute von Drama und Fantasie.

Deutung

Der König der Stäbe hat einen ruhelosen, ungeduldigen, aktiven Geist, der jeden Aspekt des Lebens erforschen möchte. Er ist ein geborener Führer, nicht, weil er Macht ausstrahlt, sondern weil er Visionen hat, die er begeistert mit anderen teilt, die er so inspiriert, dass sie ihm folgen. Mit ihm hat man immer Spaß, er ist aber auch anstrengend, seine positive Art zieht andere Menschen an. Gleichzeitig ist er aber auch unbeständig. Wenn die Dinge nicht so laufen, wie er möchte, wird er leicht gereizt, verlieren kommt für ihn nicht infrage.

Der König der Stäbe ist ehrgeizig und wettbewerbsorientiert. Sein größtes Talent liegt darin, andere zu animieren. Er ist ein ausgezeichneter Verkäufer oder Politiker. Sein Vertrauen in sich ist grenzenlos, er geht davon aus, dass andere ihm automatisch folgen. Das wiederum weckt das Vertrauen anderer in seine Person, so dass sich meist ein Grüppchen Anhänger um ihn schart. Oft gehören sie nur kurz zu seinem Gefolge, denn der König der Stäbe ist, wie viele Widder, schnell gelangweilt. Auch gefällt es ihm nicht, die Verantwortung für die Bedürfnisse oder Erwartungen anderer zu haben.

Wenn Sie die Karte legen, kann der König der Stäbe bedeuten, dass ein solcher Mensch in Ihr Leben tritt oder dass Sie die „Ich kann das"-Qualitäten des Königs mit seiner positiven und selbstsicheren Ausstrahlung entwickeln sollen, um Risiken einzugehen oder sich an Veränderungen zu wagen. Als Ereignis kann die Karte für ein künstlerisches oder kreatives Projekt stehen, das zur Vollendung kommt.

Beispiel: Stäbe deuten

Der 45-jährige Geschäftsmann George wollte von mir wissen, wie seine Chancen auf Erfolg im Beruf aussehen. Er zog die folgenden Karten:

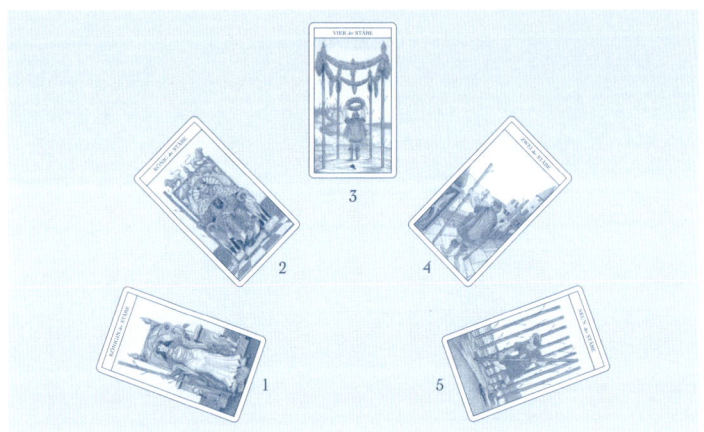

1. Gegenwärtige Situation: Königin der Stäbe

Die Karte beschreibt eine Person, die mit vielen verschiedenen Projekten zur selben Zeit umgehen kann und sich gleichzeitig noch um ihr Privatleben kümmert. George ist selbstständig und in verschiedenen Bereichen tätig. Er hat eine Frau und drei Kinder. Ihm ist es wichtig, sich um sie zu kümmern.

2. Gegenwärtige Erwartungen: König der Stäbe

Eine feurige Karte für jemanden, der es liebt, andere mit neuen Ideen zu inspirieren. Der König der Stäbe kann für jemanden im Vertrieb stehen. Das traf auch auf George zu, denn er war gerade dabei, einer großen Firma etwas Neues zu verkaufen. Die

Verhandlungen liefen, aber das Geschäft war noch nicht abgeschlossen. Der Enthusiasmus und die Energie des Königs der Stäbe
lässt aufs Beste hoffen.

3. Das Unerwartete: Vier der Stäbe

Die Vier der Stäbe steht für die Belohnung nach harter Arbeit. In
dieser Position scheint die Karte auf einen positiven Ausgang für
Georges Geschäft hinzudeuten. Die Vier bedeutet aber auch, dass
es nach dem Jubel für George wieder zurück zur Arbeit geht.

4. Unmittelbare Zukunft: Zwei der Stäbe

Die Karte kündigt eine Reise an. George meinte, wenn er den Ver-
trag abschließen könnte, wäre das der Beginn einer langen Reise.

5. Entferntere Zukunft: Neun der Stäbe

Die Neun der Stäbe ist ein Zeichen dafür, dass eine schwierige Zeit
bevorsteht, für die er aber stark genug sei. George glaubte, dass der
Vertragsabschluss als solcher der leichtere Teil sei, viel Zeit und
Energie dagegen würde es im Anschluss kosten, das Projekt am
Laufen zu halten.

Folgerung

Es machte den Anschein, dass George, um Erfolg zu haben, sehr
flexibel und vielseitig (Königin der Stäbe) sein und mithilfe seines
Enthusiasmus und Optimismus seine Ideen zum Leben erwecken
musste (König der Stäbe). Dann könnte er sich auf eine kurze
Phase freuen, in der er den Erfolg feiern könnte (Vier der Stäbe),
um hinterher eine Reise ins Unbekannte (Zwei der Stäbe) anzu-
treten, bewaffnet mit Wissen, das auf den Prüfstein kommen würde
(Neun der Stäbe). Georges Reise würde zwar herausfordernd werden, er verfügte aber über genug innere Stärke und Energiereserven dafür.

DAS ASS DER SCHWERTER

Element: Luft

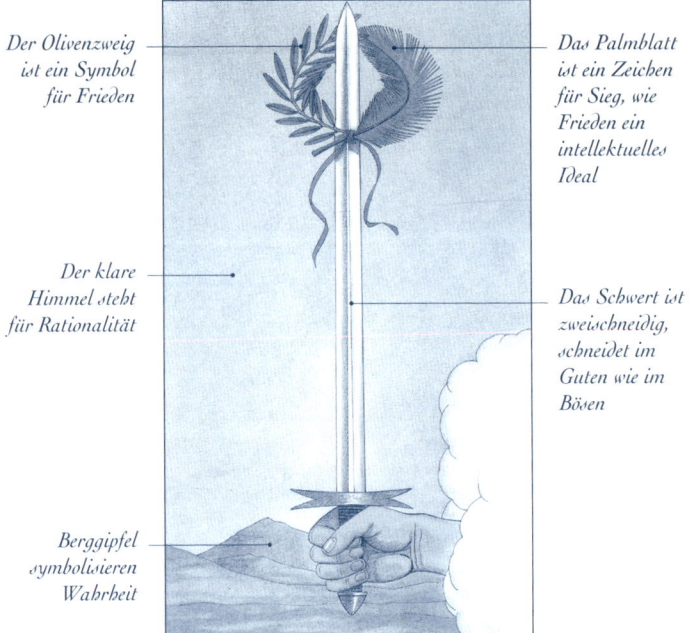

Der Olivenzweig ist ein Symbol für Frieden

Der klare Himmel steht für Rationalität

Berggipfel symbolisieren Wahrheit

Das Palmblatt ist ein Zeichen für Sieg, wie Frieden ein intellektuelles Ideal

Das Schwert ist zweischneidig, schneidet in Guten wie im Bösen

THEMA *Die alte Ordnung verändert sich*

Die Karte zeigt ein aufrechtstehendes Schwert, ein Sinnbild für Wahrheit, an seiner Spitze ein Kranz, gefertigt aus dem Olivenzweig des Friedens und dem Palmblatt des Sieges. Die Hand, die das Schwert hält, schiebt sich von der rechten Seite, der Seite des Handelns, ins Bild. Der Kranz selbst ist Symbol für Leistung und Erfolg. Das Schwert ist zweischnei-

dig, kann also in zwei Richtungen schneiden, im Guten wie
im Bösen und ist somit eine machtvolle Erscheinung. Die
Verbindung von Schwertern und dem Element Luft zeigt
sich im klaren Himmel. Die kargen Berggipfel stehen für die
Suche nach Wahrheit und dafür, dass der Geist immer nach
Perfektion und rationalem Erschließen sucht.

Deutung

Das Ass der Schwerter ist eine starke Karte, die einen dramatischen Neuanfang ankündigt, wie alle Asse. Schwerter stehen
für Herausforderungen und mit dem Ass der Schwerter besteht die Aussicht auf neue, interessante Umstände. Eine traditionelle Deutung dieser Karte ist „aus Bösem entsteht Gutes".

Liegt das Ass der Schwerter auf dem Tisch, kann das ein
Hinweis auf radikale, aber häufig notwendige Veränderungen
sein. Dabei ist es wichtig, daran zu denken, dass aus dem Chaos etwas Positives erwachsen kann. Eine Situation, die sich anfangs negativ oder hinderlich anfühlt, kann sich als Segen herausstellen. Alle Schwerter sind mit dem Intellekt verbunden,
der auf der Suche nach Wahrheit und Gerechtigkeit ist. Das
Element der Schwerter ist Luft, es symbolisiert die mensch-
liche Fähigkeit zu denken und Konzepte zu entwickeln. Das
macht das Leben nicht unbedingt einfacher, aber interessanter.

DIE ZWEI DER SCHWERTER

Element: Luft

Die Augenbinde signalisiert bewusstes Verschleiern der Wahrheit

Die gekreuzten Schwerter sind Schutz vor schmerzhaften Gefühlen

Der Neumond repräsentiert wachsende Spannung

Die Berge und Felsen stehen für die harten Fakten der Realität

Das Meer symbolisiert aufgewühlte Gefühle

THEMA *Anspannung und Angst*

Die Zwei der Schwerter zeigt eine Figur mit verbundenen Augen, die im Sitzen der rauen See den Rücken zukehrt. Sie hält zwei große Schwerter über dem Herzen gekreuzt in ihren Händen, ein Hinweis, dass sie bewusst versucht, ihre Gefühle zu kappen. Die Augenbinde hat sie sich selbst umgebunden, um nicht mehr sehen zu müssen. Ihr Rücken ist dem aufgewühlten Meer der Gefühle zugewandt, die Berge und die kalten Felsen der nackten Tatsachen ragen aus ihm heraus. Die Schwerter sind perfekt ausbalanciert, sehen aber sehr schwer aus. Das Bild strahlt Anspannung und Angst aus. Der Mond steht in seinem ersten Viertel, ein Zeichen für Spannung, eine steife Brise weht im Hintergrund und betont das Element Luft.

Deutung

Zwei ist die Zahl der Gegensätze, die es auszugleichen gilt. Bei den Schwertern, die für die Herausforderungen stehen, vor die uns das Leben stellt, ist die Karte ein Hinweis darauf, dass jemand sich vor schwierigen Entscheidungen verstecken möchte. Es kann sein, dass die fragende Person in einer konfliktreichen Situation steckt, die Probleme aber gerne ignorieren möchte in der Hoffnung, dass sie sich von selbst lösen. Das Bild illustriert, dass die beklemmenden Fakten mit viel Aufwand aus der Sichtweite gehalten werden: Die Frau dreht der Situation den Rücken zu, schirmt ihr Herz mit einem Kreuz vor den schmerzhaften Gefühlen ab und hat sich eine Augenbinde umgebunden, um die Wahrheit nicht zu sehen. In dem Bild herrscht eine so starke Anspannung, dass absolut klar ist, dass sie nicht ewig vor der Wirklichkeit flüchten kann.

Ziehen Sie die Zwei der Schwerter, versuchen Sie besser, den Konflikt zu verstehen. Wenn die Situation offengelegt und der Angst ehrlich begegnet wird, kann eine Lösung gefunden werden. Nur Dinge, die wir anpacken, können wir ändern.

DIE DREI DER SCHWERTER

◆◆◆

Element: Luft

Tauben
symbolisieren
Frieden und
Heilung

Der Lichtschein
lässt hoffen

Das Herz, das
von Schwertern
durchbohrt
wird, steht für
das Herz, das
von Trauer
durchdrungen
ist

THEMA *Gelöste Spannung*

Die Drei der Schwerter zeigt ein Herz in einem Buntglasfenster. Drei Schwerter durchbohren das Herz, Sturmwolken in mehreren Blau- und Lilaschattierungen füllen das restliche Fenster aus und deuten auf eine Bedrohung durch Schmerz oder Trauer hin. Die Vogel- und Schmetterlingsmotive an den Außenseiten des Fensters verbinden die Drei der

Schwerter mit dem Element Luft. Licht liegt wie ein Kranz um das Herz, es vermittelt Hoffnung und leuchtet wie eine Kerze im Dunkeln. In den oberen Ecken des Fensters symbolisieren Tauben Frieden und Heilung.

Deutung

Die Drei der Schwerter ist eindeutig eine Vision von Trauer und Schmerz. Die drei Schwerter, die das Herz durchstechen, lassen nicht viele Interpretationen zu. Wir alle wissen, dass ein gebrochenes Herz ein unvermeidbarer und unausweichlicher Teil des Lebens ist. Und auch, wenn es kaum auszuhalten ist, wissen wir doch, dass das Herz heilen wird. Es liegt etwas Friedliches und Ruhiges über dem schönen Glasfenster mit dem verwundeten Herzen. Die Tarot-Schriftstellerin und -Expertin Rachel Pollack schrieb, dass wir auf tiefe Trauer nur auf eine Art reagieren können – den Schmerz in unserem Herzen aufnehmen, ihn akzeptieren und ihn überwinden. Es gibt Zeiten und Umstände, in denen etwas enden oder sich verändern muss. Die Drei der Schwerter steht für den Schmerz, der dazugehört.

Wenn diese Karte gelegt wird, kündigt sie Konflikt, Trauer oder Enttäuschung an. Aber es liegt auch das Verständnis in ihr, dass all dies unvermeidlich ist, vielleicht sogar notwendig. Nach der Anspannung der Zwei der Schwerter ist die Drei die Entspannung. Es mag wie ein unangebrachter Kommentar erscheinen, wenn jemand leidet, aber Freude und Trauer stammen aus derselben Quelle und sind nie weit voneinander entfernt, nur treten sie selten gleichzeitig auf.

DIE VIER DER SCHWERTER

Element: Luft

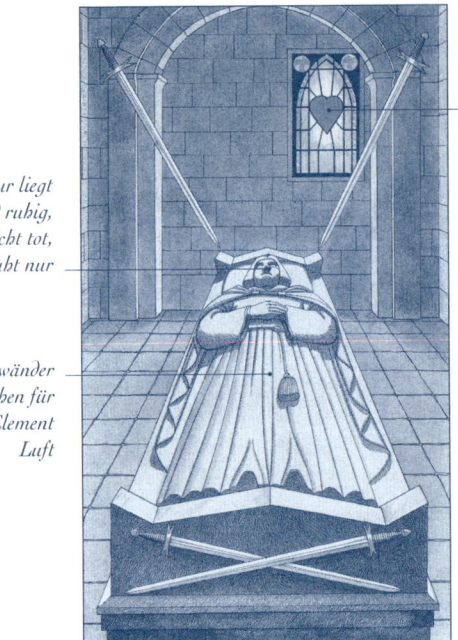

Die Figur liegt still und ruhig, sie ist nicht tot, sie ruht nur

Blaue Gewänder als Zeichen für das Element Luft

Das traurige Bild der Drei der Schwerter ist in den Hintergrund gerückt und zeigt, dass der Heilungsprozess begonnen hat

THEMA *Genesung und Wiederherstellung*

Die Vier der Schwerter zeigt eine Gruft und darin ein steinernes Grabmal, in das zwei Schwerter gemeißelt wurden. Zwei weitere Schwerter zeigen auf die Figur, die auf dem Grab liegt. Die Figur im blauen Gewand liegt auf dem Rücken und schläft, die Augen geschlossen, die Hände auf der Brust. In der rechten oberen Ecke befindet sich ein

Fenster aus buntem Glas mit dem roten Herzen der Drei der Schwerter, jedoch ohne die Schwerter darin. Das Bild ist in grauen Farben gehalten. Es zeigt nicht den Tod, sondern das Ausruhen.

Deutung

Vier ist die Zahl der Stabilität und steht bei den Schwertern, die sich so oft auf Herausforderungen oder Konflikte beziehen, für eine Zeit der Genesung und des Ausruhens. Nach dem Herzschmerz der Drei der Schwerter zeigt die Vier eine Phase der Ruhe und Heilung. Wird sie gezogen, kündigt sie Erholung und ein Lösen der Spannung nach einer Zeit emotionaler Anstrengung oder des Unglücks an. Sie kann aber auch für die notwendige Erholungsphase nach einer Krankheit stehen. In unserer geschäftigen und stressigen Welt vergessen wir oft, wie wichtig es ist, sich nach intensiver Aktivität oder einer Krankheitsphase zu erholen.

Das Bild auf der Karte zeugt von absoluter Ruhe, die Figur gibt sich der Erholung hin. Es mag zuerst kalt erscheinen, aber es zeigt nicht den Tod, sondern Rast und friedlichen Schlaf. Körper und Geist brauchen gelegentlich Ruhephasen, um wieder aufzuladen, mental, körperlich und emotional. Während einer solchen Zeit sammeln Sie Energie, um der nächsten Herausforderung begegnen zu können. Wer die Vier der Schwerter legt, benötigt eine solche Zeit.

DIE FÜNF DER SCHWERTER

Element: Luft

Ein Mann ist Sieger und hält seine Schwerter triumphierend in die Luft

Vögel stehen für das Element Luft

Der dunkle Himmel im Hintergrund verheißt nichts Gutes

Die anderen Männer lassen nach ihrer Niederlage die Köpfe hängen

THEMA *Die Grenzen von Sieg und Niederlage akzeptieren*

Die Fünf der Schwerter zeigt im Vordergrund einen Mann, der triumphierend drei Schwerter hochhält. Zwei weitere Schwerter liegen zu seinen Füßen. Im Hintergrund stehlen sich zwei Männer davon, sie schämen sich wegen ihrer Niederlage und lassen die Köpfe hängen. Ihre Schwerter haben sie dem Sieger übergeben. Sie gehen auf die raue

See und den Sturmhimmel zu. Vor dem sich verdunkelnden Himmel fliegen Vögel, Symbole für das Element Luft.

Deutung

Die Fünf steht im Tarot immer für Schwierigkeiten oder Spannungen. Die Fünf der Schwerter offenbart die Spannung in einem Bild, das sowohl Sieg als auch Niederlage darstellt, die beide auf ihre Weise eine Warnung enthalten. Ein Mann ist siegreich, er hat zwei andere geschlagen. Seine Gegner haben keine Wahl, als ihm ihre Schwerter zu überlassen und fortzugehen. Die Karte warnt vor Betrug und Verrat, aber auch vor Arroganz im Sieg.

Taucht die Karte auf, heißt das, dass etwas, gegen das Sie angehen, wirklich zu groß für Sie ist, um es zu bekämpfen oder herauszufordern. Gehen Sie konstruktiv mit der Situation um – ob im Arbeits- oder Privatleben – und bewerten Sie objektiv die Stärke Ihres Gegners im Vergleich zu Ihrer. Wenn Sie feststellen, dass Ihr Gegner Ihnen bei Weitem überlegen ist, drehen Sie einfach bei. Sind Sie stark genug, die Überlegenheit Ihres Gegners und Ihre eigene Schwäche zu erkennen, geraten Sie nicht in Situationen, die Sie nicht gewinnen können. Die Hauptaussage der Karten ist, nichts anzufangen, von dem Sie insgeheim bereits wissen, dass es zu viel wird für Sie. Schlucken Sie, wenn nötig, Ihren Stolz einfach hinunter.

DIE SECHS DER SCHWERTER

Element: Luft

Schmetterlinge
stehen für das
Element Luft

Die schwarze
Stange
symbolisiert
Potenzial

Raues Wasser
ist ein Hinweis
auf eine
schwierige, akute
Situation

Ruhiges
Wasser, also
eine weniger
schwierige Zeit,
ist in Sicht

Dunkelblaue
und schwarze
Umhänge stehen
für das Element
Luft

THEMA *Konflikte hinter sich lassen*

Die Sechs der Schwerter zeigt einen Fährmann mit Mantel, der zwei Menschen, die ein dunkelblaues und ein schwarzes Cape als Zeichen für das Element Luft tragen, über einen dunklen See zu einer hügeligen Küste übersetzt. Die Passagiere schauen sich ängstlich um, das Wasser um sie herum sieht wild und tückisch aus. Allerdings steuern sie auf ruhiges Wasser zu. Sechs Schwerter stehen mit der Spitze auf dem Boot, drei hinter dem Fährmann, drei vor ihm und den Passagieren. Das Gewicht der Schwerter ist nicht zu viel für das Boot, ein Hinweis, dass die aktuelle Situation auszuhalten ist. Die lange Stange des Fährmanns ist schwarz und symbolisiert Potenzial. Er trägt eine graue Tunika mit einem blauen Hemd, zwei Farben des Elements Luft. Der Himmel vor ihnen ist klar, einige Schmetterlinge fliegen über ihren Köpfen, die ebenfalls das Element Luft repräsentieren, mit dem die Schwerter verbunden sind.

Deutung

Sechs ist die Zahl der Harmonie und des Ausgleichs. Bei den sorgenreichen Schwertern bedeutet sie, dass eine schwierige Zeit, das stürmische Wetter, vorübergeht und friedlichere Zeiten, das ruhige Wasser weiter hinten, kommen. Wenn die Sechs der Schwerter gelegt wird, heißt das, dass es einen Weg aus einer schwierigen Situation oder Beziehung gibt, entweder körperlich durch einen Umzug, Jobwechsel oder sogar die Auswanderung oder mental, indem man mithilfe des Verstandes die Komplikationen löst. Die ermunternde Botschaft der Karte lautet, dass es möglich ist, eine akzeptable Lösung der Probleme zu finden, körperlich, mental oder emotional. Die Sechs der Schwerter ermutigt zu der Erkenntnis, dass auch, wenn die Verantwortung Sie gerade sehr belastet, es nach dem Sturm Ruhe geben wird.

DIE SIEBEN DER SCHWERTER

Element: Luft

Wolken am Himmel deuten auf eine unklare Situation hin

Vögel auf der Flagge stehen für das Element Luft

Der Mann hat einen verstohlenen Gesichtsausdruck, als ob er sich ohne Erlaubnis wegschleicht

THEMA *Takt statt Aggression*

Die Sieben der Schwerter zeigt einen Mann, der sich heimlich aus einem Militärlager entfernen will. Verstohlen macht er sich mit sieben Schwertern in den Armen aus dem Staub. Niemand scheint ihn zu bemerken, er hat einen zuversichtlichen Gesichtsausdruck. Die Flaggen an den Zeltpfosten tragen Vogelmotive, die die luftige Qualität der Schwerter widerspiegeln. Am Himmel hängen kleine weiße Wolken, ein weiteres Zeichen für die Verbindungen zwischen dem Element Luft und den Schwertkarten. Das Bild stellt eine gut geplante und ebenso ausgeführte Aktion dar und keine spontane, emotional veranlasste Handlung.

Deutung

Die Sieben der Schwerter ist mehrdeutig – ein Hinweis auf eine im Stillen ausgeführte Tat, eine geheime und vielleicht sogar verstohlene Handlung, sie zeugt aber auch von Takt oder Diskretion. Eine positive Interpretation der Sieben der Schwerter ist, dass es weise ist, vorsichtig oder diplomatisch zu handeln und die Karten nicht zu schnell offenzulegen. Wenn Sie zum Beispiel die Idee für ein Produkt haben, das gut ankommen könnte, wäre es unklug, darüber zu sprechen, bevor Sie sich die Rechte daran gesichert haben.

Legen Sie die Sieben der Schwerter, sollten Sie vorsichtiger sein und sich nicht zu offen über Ihre Absichten und Gefühle äußern, es könnte zu Ihrem Schaden sein. Eine weniger schöne Interpretation der Karte ist, dass Sie versuchen, sich auf unehrenhafte oder sogar unehrliche Weise von etwas zu entfernen. Ist das der Fall, ist die Karte eine Warnung vor den Konsequenzen, wenn das herauskommt.

DIE ACHT DER SCHWERTER

Element: Luft

Der Vogel steht für die Wahrheit

Die Augenbinde steht für die Unfähigkeit, die Wahrheit zu sehen

Der Strick bindet nur ihre Arme, nicht ihre Beine, sie könnte entkommen

Sie ist von Schwertern umkreist, aber zwischen ihnen ist Platz zum Fliehen

THEMA *Schwierigkeiten, sich von Beschränkungen zu lösen*

Die Acht der Schwerter zeigt eine Person mit Augenbinde auf schlammigem Boden, umgeben von acht Schwertern. Die Augenbinde steht für die Weigerung, die Dinge zu sehen, wie sie sind. Die Frau trägt ein blaues Kleid, die Verbindung zum Element Luft, das den Schwertern zugeordnet ist. Arme und Körper sind mit Stricken gebunden, ihre Beine sind jedoch frei. Zwar stehen Schwerter um sie herum, aber sie würde durch die Abstände zwischen ihnen passen. Sie ist eingeschränkt, könnte aber gehen, wenn sie wollte. Im Hintergrund ist auf einem hohen Berg eine Burg zu sehen, ein Symbol für Autorität. Der Himmel ist grau und bedrohlich. Ein einzelner Vogel fliegt über ihr als Zeichen für Luft und Wahrheit.

Deutung

Acht ist die Zahl des Todes und der Regeneration. Bei den Schwertern kündigt sie das Ende alter oder unpassender Denkweisen und den Beginn von etwas Neuem an, symbolisiert durch den Vogel. Es kann aber eine Weile dauern, den Vogel der Wahrheit zu bemerken, besonders, wenn die Augen verbunden sind.

Erscheint die Acht der Schwerter, bedeutet das, dass Sie sich in einer Situation befinden könnten, in der alles, was Sie machen, genauso schlecht ist, wie alles, was Sie nicht machen. Die Umstände sind schwierig. In welche Richtung Sie sich auch drehen, Sie entdecken nur Nachteile. So fällt die Entscheidung schwer. Nehmen Sie Ihre Augenbinde ab, dann können Sie nach den vorhandenen Rettungswegen suchen und sie finden.

Die Karte birgt häufig die Botschaft, dass es ein Zeichen für Sie geben wird und Sie deshalb einen offenen Geist brauchen, um es nicht zu verpassen. Mit der Acht der Schwerter fühlen Sie sich wie eingesperrt und abgeschnitten von der Außenwelt. Tatsächlich ist die Situation nicht so schlimm, wie Sie glauben. Sie müssen erkennen, was Sie selbst dazu beigetragen haben, um in diese Lage zu geraten, dann können Sie etwas daran verändern.

DIE NEUN DER SCHWERTER

Element: Luft

Die Schwerter berühren sie nicht, ein Zeichen dafür, dass ihre Angst nicht durch äußere Umstände entstanden ist

Rote Herzen und die Motive der Luft-Sternzeichen stehen für einen Konflikt zwischen Denken und Fühlen

Schmetterlinge sind Symbole für das Element Luft

THEMA *Unbegründete Ängste und Albträume*

Die Neun der Schwerter zeigt eine unglückliche Person in hell-grauer Kleidung. Sie sitzt im Bett, die Hände vorm Gesicht, als ob sie ängstlich oder gequält weint. In ihren Bettrahmen sind Schmetterlinge geschnitzt, die Verbindung zwischen dem Element Luft und den Schwertern. Eine Patchwork-Decke liegt auf dem Bett. Auf der Decke sind abwechselnd Motive zu sehen:

rote Herzen auf blauem Untergrund und Luft-Sternzeichen –
Zwillinge, Waage und Wassermann – auf weißem Untergrund.
Die Kombination der Symbole verdeutlicht den Konflikt von Kopf
und Herz. Neun Schwerter hängen in der Dunkelheit über dem
Bett. Ihre Spitzen zeigen auf die Frau, berühren sie aber nicht.
Weiter befindet sich nichts in dem Zimmer.

Deutung

Neun ist die Zahl, die in sich die Kraft aller vorangegangenen
Zahlen vereint, bevor sie in die Vollkommenheit der Zehn über-
geht. Die Neun der Schwerter wirkt wie ein Bild tiefster Dun-
kelheit: Aller Kummer dieser Welt scheint auf den Schultern der
Frau zu liegen und sie zu erdrücken. Allerdings berührt keins der
Schwerter sie, sie schweben auf bedrohliche Art über ihr.

Ziehen Sie die Neun der Schwerter, ist das ein Hinweis, dass
die Situation nicht so verzweifelt ist, wie Sie befürchten und dass
häufig die Angst selbst schlimmer ist als das, was wir fürchten. Die
Neun der Schwerter ist als Albtraum-Karte bekannt, aber Alb-
träume sind nicht real. Die Karte kann auch bedeuten, dass Sie
Angst um Ihre Liebsten haben und nicht um sich selbst. Solche
Ängste können in Ihnen das Gefühl der Machtlosigkeit auslösen,
denn es gibt nichts, was Sie anderen abnehmen können, während
Sie immer etwas finden, was Sie für sich selbst tun können, wenn
Sie wirklich wollen.

Die Schwerter als Karten der Luft und des Geistes stehen dafür, dass viele Ihrer Probleme in Ihren Gedanken entstehen, was
häufig nicht Ihren Gefühlen entspricht. Das Muster der Sternzeichen und roten Herzen auf der Decke symbolisiert den Konflikt,
der sicherlich schwer aufzulösen ist. Es ist jedoch wichtig, daran
zu denken, dass das, was Sie am meisten fürchten, nicht in der
Neun der Schwerter geschehen ist.

DIE ZEHN DER SCHWERTER

Element: Luft

Zehn Schwerter
im Rücken
des Mannes
symbolisieren
ein Ende

Der
Schmetterling
ist Symbol für
Transformation
und für das
Element Luft

Die Dunkelheit
am oberen
Kartenrand
steht für
Hoffnungs-
losigkeit

Das zunehmende
Licht bringt
die Hoffnung
zurück

THEMA *Das Ende einer Situation oder Phase*

Ein Mann liegt mit dem Gesicht nach unten auf dem Boden, zehn Schwerter stecken in seinem Rücken. Offensichtlich stellt das Bild das Ende von etwas dar, dennoch ist das Meer im Hintergrund ruhig, weiter hinten geht die Sonne auf und mit ihr keimt die Hoffnung. Der Himmel am oberen Kartenrand ist sehr dunkel und symbolisiert absolute Hoffnungslosigkeit und Orientierungslosigkeit, aber zum Sonnenaufgang hin hellt sich die Farbe auf und bringt einen Funken Hoffnung mit sich zurück. Ein einzelner Schmetterling, Symbol für das Element Luft und einen Neuanfang, fliegt in der Nähe des Mannes.

Deutung

Die Zehn der Schwerter ist zweifellos die Illustration eines Endes. Die Schwerter durchstechen deutlich den Körper des Mannes. Zwar gibt es kein Blut, aber auch keine Hoffnung auf Leben. Im Hintergrund allerdings bricht der neue Tag heran, als ob die Realisierung des Geschehenen ins Bewusstsein sickert.

Taucht die Zehn der Schwerter auf, zeigt sie das Ende von etwas, aber nicht den körperlichen Tod. Die Karte kann auf das Ende einer Beziehung oder eines Jobs abzielen oder auf einen Umzug. Auf jeden Fall bedeutet sie, dass eine Veränderung stattfinden muss, weil das, was war, nicht länger gültig ist. Die Zehn der Schwerter steht für Veränderung und Ende einer Haltung oder Einstellung, der Wahrheit wegen. Vielleicht weigern wir uns, Dinge so zu sehen, wie sie wirklich sind, weil wir an unseren Illusionen festhalten möchten. Die Zehn der Schwerter bereitet dem ein abruptes Ende und zeigt uns das nackte, harte Leben. Es ist meist schmerzhaft, wenn wir unserer Illusionen beraubt werden, darin steckt aber auch die Chance, dass an dieser Stelle etwas Echtes und Wahrhaftiges entstehen kann.

DER BUBE DER SCHWERTER

Element: Luft

Die Neigung des Schwerts nach links ist Hinweis auf die kreative Kraft des Geistes

Die Jugend des Buben steht für neue Denkprozesse

Vögel symbolisieren das Element Luft

Schmetterlinge stehen ebenfalls für das Element Luft

THEMA *Neuanfänge auf mentaler Ebene*

Der Bube der Schwerter zeigt einen Jungen in blauer Tunika und weißem Hemd, den Farben des Himmels. Der Saum des Hemds ist mit Schmetterlingen verziert als Verbindung des Jungen mit dem Element Luft. Mit beiden Händen hält er ein Schwert hoch, das sich nach links neigt, der Seite der Kreativität. Der Junge ist aufmerksam und bereit, sich gegen Angriffe zu verteidigen. Der Bube der Schwerter steht für die Vielseitigkeit und Kreativität des Geistes. Über ihm fliegen einige Vögel und symbolisieren die Fähigkeit des Geistes, die alltägliche Wirklichkeit tief unter sich zu lassen und mehrere Gedanken gleichzeitig zu verfolgen.

Deutung

Die Buben des Tarots werden als junge Menschen dargestellt. Auf der Karte steht der Junge für neue und noch ungeformte Ideen. Um zu lernen, ist es notwendig, mit Gedanken und Konzepten zu experimentieren und sie mit anderen zu diskutieren. Der Bube der Schwerter hat den Ruf, im besten Fall spitzbübisch zu sein, im schlimmsten Fall bösartig. Das Element Luft taucht in seiner einfachsten Darstellung auf der Karte auf. Der Bube kann für jemanden stehen, der zu Tratsch oder zum Plaudern neigt und nicht zum verbalen Informationsaustausch, der bereichert. Kinder und Jugendliche tratschen viel als Übung dafür, wie Menschen miteinander umgehen. Und auch, wenn die Unterhaltungen keine Tiefe haben, stellen sie dennoch eine wichtige Stufe auf dem weiteren Weg zur Interaktion mit anderen dar.

Wenn der Bube der Schwerter aufgedeckt wird, kann das auf die erste Phase einer Beziehung hinweisen, die mit Alltagsgeplauder beginnt, aber im Laufe der Zeit zu etwas Bedeutendem werden kann. Die Karte kann außerdem auf das Aufkommen einer Idee deuten, die Zeit und Aufmerksamkeit braucht, um sich zu entwickeln und zu reifen.

DER RITTER DER SCHWERTER

Element: Luft

Das Pferd und der Reiter scheinen fast zu fliegen, so schnell sind sie

Das Geschirr des Pferdes ist mit Vögeln verziert – einem Symbol für Luft

Die Bäume beugen sich im Wind, eine Veranschaulichung für die Kraft des Elements Luft

THEMA *Begrüße Veränderungen, die verstörend wirken*

Ein schneidiger junger Mann und sein graues Pferd sind rasend schnell unterwegs. Die Mähne fliegt im Wind, die Beine des Pferdes sind gestreckt. Es geht um Geschwindigkeit. Der Ritter hält sein Schwert ausgestreckt vor sich. Wolken ziehen über den Himmel, die Bäume neigen sich unter der Wucht des Windes. Das Pferdegeschirr zieren Vögel. Der

Reiter trägt einen blauen Mantel, der im Wind flattert. Der silberne Helm ist vorne offen und zeigt sein Gesicht, eine lange weiße Feder ist oben am Helm befestigt und weht im Wind.

Deutung

Der Ritter der Schwerter sitzt ebenso wie die anderen Tarot-Ritter auf einem Pferd. Alle Ritter werden in Bewegung dargestellt, weil sie in ihren Missionen unterwegs sind. Der Ritter der Schwerter ist auf der Suche nach Wissen und Information, nicht unbedingt nach tiefer Weisheit, sondern aus Interesse. Geschwindigkeit zählt für ihn, er will schnelle Informationen, keine tiefgehenden.

Der Ritter der Schwerter ist mit dem Sternzeichen Zwilling verbunden, das für den Erwerb von Wissen und Kommunikation steht. Zwillinge reden gerne und denken über seltsame oder interessante Dinge nach, aber wie der Schmetterling halten sie nur kurz inne, um den Nektar einer Blüte aufzunehmen und fliegen schnell weiter, um nach einer weiteren, vielleicht noch interessanteren Blüte zu suchen, aus der sie trinken können. Die Zwillingspersönlichkeit ist stimulierend und unterhaltsam, allerdings ist sie schnell gelangweilt. Ähnlich steht der Ritter der Schwerter in dem Ruf, sich in etwas hineinzustürzen, ob es das Leben anderer Menschen, deren Zuneigung oder Arbeit ist, die er auf den Kopf stellt und dann verschwindet.

Legen Sie den Ritter der Schwerter, kann die Karte für eine reale Person stehen, die in Ihr Leben tritt und etwas Chaos verbreitet, bevor sie weiterzieht. Das muss nicht so schlimm sein, wie es klingt, denn vielleicht brauchen Sie gerade so etwas, damit Veränderungen eintreten. Alternativ kann die Karte darauf hinweisen, dass Sie sich geistig weiterentwickeln möchten, vielleicht durch eine Weiterbildung oder einen Jobwechsel.

DIE KÖNIGIN DER SCHWERTER

Element: Luft

Der klare Himmel zeigt, dass sie über ihren Kummer hinauswachsen kann

Der Vogel steht für ihre aufrichtige Art

Sturmwolken symbolisieren Trauer

Ihr Mantel bildet den Himmel ab, ein Symbol für das Element Luft

Auf ihrem Thron ist ein Engel zu sehen, ein Geist der Luft

THEMA *Leiden mit Würde und Resignation*

Die Königin der Schwerter ist eine würdevolle, ernste Frau. Im Sitzen schaut sie nach links, der Seite der Kreativität und Erfahrung. Sie hält ihr Schwert senkrecht nach oben, ein Zeichen für Gerechtigkeit. Sturmwolken formieren sich im unteren Teil des Himmels um sie, wohingegen der Himmel über ihrem Kopf klar und blau ist, ein Symbol dafür, dass sie es schafft, trotz der Schwierigkeiten den Kopf hochzuhalten. Ein einzelner Vogel fliegt über ihr und ist Hinweis auf ihre Klarsicht. In ihren Steinthron sind ein Engel und Schmetterlinge gemeißelt, das Muster auf ihrem Mantel ist ein blauer Himmel voller weißer Wolken. Diese Motive entsprechen dem Element Luft.

Deutung

Die edle Königin der Schwerter wird häufig mit der ernsten oder sorgenvollen Seite der Schwerter in Verbindung gesetzt. Sie ist bekannt als die, die leidet, die Schmerz kennt und diesen voller Würde erträgt. Die Königin der Schwerter stellt sich jedem Ärger mit Mut und Tapferkeit, anstatt ihr Herz auf der Zunge zu tragen wie die Königin der Kelche.

Die Königin der Schwerter ist dem Sternzeichen Wassermann zugeordnet. Wer unter diesem Zeichen geboren wurde, ist zwar freundlich und höflich, behält seine Gefühle aber für sich. Alle Luftzeichen sind eng mit den Schwertern verbunden und legen großen Wert darauf, zivilisiert und cool zu sein und hässliche, emotionale Szenen zu vermeiden. Die Luftzeichen – da bildet der Wassermann keine Ausnahme – haben hohe Ideale und Erwartungen an Leben, Liebe und Freundschaft. Als Folge davon sind sie enttäuscht und mutlos, wenn die Realität so häufig ganz anders aussieht.

Wenn die Königin der Schwerter gezogen wird, kann es sein, dass ein mutiger, idealistischer, wenn auch distanzierter Mensch in Ihr Leben tritt, der entschlossen ist, Schwierigkeiten ohne Anzeichen von Angst oder Entsetzen entgegenzutreten. Alternativ kann es bedeuten, dass Sie diese Qualitäten entwickeln sollten.

DER KÖNIG DER SCHWERTER

Element: Luft

Zwei Vögel stehen für die Dualität seiner Gedanken

Schmetterlinge symbolisieren das Element Luft

Sein Schwert neigt sich zu seiner rechten Seite, der Seite des Handelns

Sein Mantel ist violett, die Farbe der Weisheit

THEMA *Eine Autoritätsperson: streng, aber gerecht*

Der König der Schwerter zeigt einen aufrecht sitzenden Mann mit ernstem Gesichtsausdruck. Er trägt ein blaues Gewand als Zeichen für das Element Luft, einen violetten Mantel, der Farbe der Weisheit. Er blickt nach vorn und hält sein Schwert aufrecht. Allerdings nicht für die reine Weisheit, sondern er neigt es etwas nach rechts, zur aktiven Seite. Er sitzt auf einem Thron aus Stein, verziert mit Schmetterlingen, Symbolen des Elements Luft. Er wirkt ruhig und würdevoll, er nimmt seine Stellung als Autoritätsperson ernst. Über ihm fliegen zwei Vögel: Ein Vogel steht für die Fähigkeit des Geistes, das Reich der Normalsterblichen weit unter sich zu lassen, Zwei ist die Zahl von Wahl und Ausgleich. Der König der Schwerter ist zwar auf der Suche nach Wahrheit, weiß jedoch, dass es sie nicht in Perfektion gibt.

Deutung

Der König der Schwerter ist eine Autoritätsperson, er steht für gerechte Gesetze und soziale Harmonie. Sein Geist ist klar, er trifft faire Entscheidungen. Der König der Schwerter schätzt intellektuelle Fähigkeiten hoch und betrachtet die Entwicklung geistiger Leistungen als Priorität.

Traditionell wird der König der Schwerter mit dem juristischen Berufsfeld in Verbindung gebracht, er steht für Wahrheit und soziale Gerechtigkeit. Astrologisch ist er dem Sternzeichen Waage zugeordnet, Sinnbild für Harmonie und Ausgleich. Die Waagschalen müssen immer neu ausgerichtet werden, damit das Leben ausgeglichen verläuft, der König der Schwerter ist bereit, sich darum zu kümmern. Er ist charmant, höflich und hat gute Manieren, sein Geist ist scharf und er kann rücksichtslos sein. Waagen bemühen sich, nach außen immer ruhig und geordnet zu wirken, vielleicht nur, um einen inneren Aufruhr zu verbergen.

Wenn der König der Schwerter gelegt wird, könnte jemand mit solchen Eigenschaften in Ihr Leben treten, scharfsinnig und charmant. Jemand, der seine Gegner durch gewitzte Rede und durch brutale Gewalt übertrumpft. Alternativ kann die Karte der Hinweis sein, dass Sie diese Qualitäten in sich entwickeln sollten.

Beispiel: Schwerter deuten

Mary, eine Mutter mittleren Alters, kam zu mir wegen ihrer Gefühle für ihre Zwillinge im Teenageralter, ein Mädchen und ein Junge. Sie standen davor, ihr Zuhause gleichzeitig zu verlassen. Sie zog die folgenden fünf Schwertkarten.

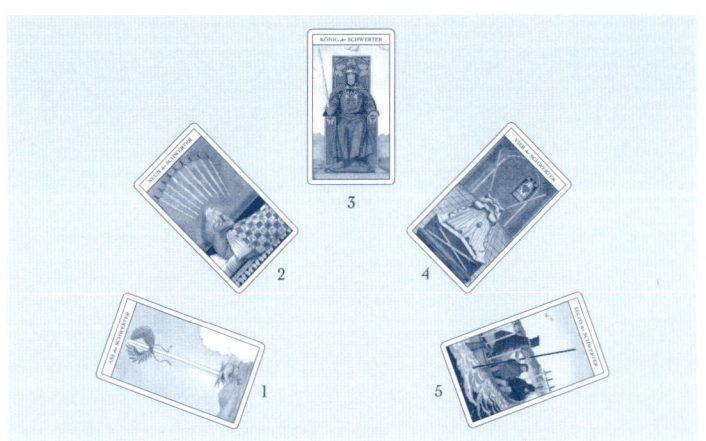

1. Gegenwärtige Situation: Ass der Schwerter

Asse stehen für Neuanfänge, das Ass der Schwerter bedeutet, dass aus einer schwierigen Situation etwas Neues und Positives entstehen kann. Mary musste damit zurechtkommen, dass sie nicht mehr nur Mutter war und erkennen, dass das Leben noch etwas anderes für sie bereithielt.

2. Gegenwärtige Erwartungen: Neun der Schwerter

Die Neun der Schwerter steht für Untergangsgefühle und Ängste, die sich nicht wirklich auf die Realität auswirken. Die Karte der

Albträume bedeutet nicht, dass schlimme Ereignisse tatsächlich stattfinden. Vielmehr zeigt sie Marys Vermutung, wie sie sich fühlen wird, wenn die Zwillinge ausgezogen sind.

3. Das Unerwartete: König der Schwerter

Der König der Schwerter ist eine Autoritätskarte, sie steht dafür, den Verstand wohl zu gebrauchen. Vielleicht packt Mary ihr Leben auf neue Art an und findet Möglichkeiten, ihre intellektuellen Fähigkeiten so einzusetzen, dass etwas Gutes daraus entsteht.

4. Unmittelbare Zukunft: Vier der Schwerter

Die Vier der Schwerter ist die Karte des Ausruhens und der Erholung. In Marys Fall deutet sie auf eine Zeit hin, in der sie sich mit der neuen Situation zu Hause abfindet: eine Phase der Ruhe und Reflektion. Sie wird sich eine Zeit der Trauer zugestehen müssen, wenn der Zeitpunkt der Trennung gekommen ist.

5. Entferntere Zukunft: Sechs der Schwerter

Die Sechs der Schwerter steht dafür, eine aufwühlende und möglicherweise unglückliche Phase hinter sich zu lassen und den Beginn einer ruhigeren und helleren Zeit. Mary fasste Hoffnung, dass ihr Leben mit dem Auszug der Kinder nicht vorbei sein würde und dass irgendwann etwas Bedeutsames die Lücke füllen würde.

Folgerung

Mary stand eine große Veränderung bevor (Ass der Schwerter) und Sie hatte Angst, was das mit ihr machen würde (Neun der Schwerter). Anfangs glaubte sie nicht, dass sie die innere Stärke hätte, damit zurechtzukommen (König der Schwerter). Sie würde sich eine Zeit des Rückzugs zugestehen müssen, um sich an ihr neues Leben zu gewöhnen (Vier der Schwerter), bis sie eine positive Richtung erkennen konnte (Sechs der Schwerter).

DAS ASS DER MÜNZEN

Element: Erde

Der offene Bogen steht für die Freiheit zu gehen

Die Hecken-einfassung repräsentiert Abgrenzung

Der schöne Garten zeigt die Gaben der Natur

Weiße Lilien stehen für den Geist

Rote Rosen symbolisieren Leidenschaft

THEMA *Ein Geschenk oder finanzielle Gelegenheit*

Aus den Wolken erscheint auf magische Weise eine aus-gestreckte Hand, die eine große goldene Münze anbietet. Die Münzen sind dem Element Erde zugeordnet und wie die Wasser-Kelche sind sie eindeutig weiblich und kreativ. Ungleich der feurigen Stäbe und luftigen Stäbe, die extrovertiert und in ihrer Kreativität männlich sind, greifen Münzen auf die Weisheit der Erde und des Körpers zurück. Unter der Hand befindet sich ein Garten voll roter Rosen, Symbole für Leidenschaft und Sehnsucht, dazwischen stehen weiße Lilien, die den Verstand repräsentieren, aber auch andere Pflanzen, die für die Gaben der Natur stehen. Der Garten wird von einer Hecke begrenzt, ein Zeichen für das Bedürfnis nach einem sicheren Bereich, in dem die Lektionen der Münzen gelernt werden. Ein Bogen führt in die offene Landschaft dahinter und symbolisiert die Freiheit zu gehen, wenn das Lernen abgeschlossen ist. Das Bild ist voller Frieden und Üppigkeit.

Deutung

Das Ass der Münzen, wie alle Asse, steht für einen möglichen Neubeginn. Im Fall der Erd-Münzen ist die neu entstehende Energie häufig mit finanziellen und materiellen Dingen verbunden. Das könnte ein finanzielles Geschenk sein, das „wie durch Zauberhand" oder als „Glücksfall" auftaucht. Oder es könnte ein finanzieller Erfolg sein, der hart erarbeitet wurde. In jedem Fall entsteht etwas Konkretes durch den Funken der Inspiration durch das Ass.

Wird das Ass der Münzen gelegt, ist das ein Hinweis darauf, dass Sie bereit sind, Energie und Kraft zu investieren, um eine neue Beschäftigung zu finden, eine vielversprechende Karriere zu beginnen oder eine neue Arbeit aufzunehmen. Das Ass der Münzen steht für die Gelegenheit auf materielle Errungenschaften, weil eine echte Bereitschaft besteht, harte Arbeit zu investieren. Die anfängliche Idee oder der Anstoß für ein Projekt mag wie aus heiterem Himmel über Sie gekommen sein, aber der üppige Garten ist nur erreichbar, wenn Sie geduldig und ausdauernd harte Arbeit aufbringen.

DIE ZWEI DER MÜNZEN

Element: Erde

Zwei Münzen in der Luft stehen für wechselhafte Finanzen

Zwei Schiffe repräsentieren das Schicksal der Person

Die Maus ist ein Erd-Symbol

THEMA *Veränderung und Vielseitigkeit*

Die Zwei der Münzen zeigt einen Jongleur. Die Grün-
und Brauntöne seiner einfachen Kleidung entsprechen
den Farben des Elements Erde. Er hat zwei Goldmünzen in
die Luft geworfen, es sieht aus, als ob er beide im Fallen fan-
gen möchte. Hinter ihm sind zwei Schiffe zu sehen, sie stehen
für sein Schicksal. Sie navigieren durch raue, aber nicht über-

mäßig gefährliche See. Das Bild spricht dafür, dass es nötig ist, in Geldangelegenheiten zu jonglieren. Aber obwohl der Situation eine gewisse Spannung anhaftet, ist sie nicht sehr bedrohlich. Die Figur steht auf ebenem Grasboden, der eine solide Grundlage darstellt und auf Potenzial hinweist. Eine kleine Maus ist in der Kartenecke rechts unten zu sehen und unterstreicht die Präsenz des Elements Erde.

Deutung

Die Zwei der Münzen ist eine Handlungskarte, sie steht für Bewegung und Veränderung. Das Bild des Jongleurs, der zwei Bälle in der Luft hält, signalisiert, dass es wichtig ist, auf mehrere Dinge gleichzeitig zu achten. Die Münzen sind die Kartenfarbe des Erd-Elements – markiert durch die erdigen Farben und die kleine Maus –, so dass sich das Jonglieren vermutlich auf materielle und finanzielle Probleme bezieht.

In einem Legesystem bedeutet die Karte, dass Sie sich auf eine Fluktuation und Veränderung im materiellen Bereich vorbereiten sollten, was nicht zwangsläufig negativ gemeint ist. Im Gegenteil, vielleicht sind sogar kreative Lösungen für materielle Probleme in Sicht. Da aber nichts Finanzielles sicher ist, wenn die Zwei der Münzen erscheint, kann die Karte auch bedeuten, dass Sie sich etwas leihen müssen, um damit jemand anderen bezahlen zu können. Im großen Ganzen schafft es die Begeisterung, für die die Karte steht, allerdings meist, die angedeuteten Schwankungen zu überbrücken.

DIE DREI DER MÜNZEN

Element: Erde

Das Gerüst zeigt, dass das Gebäude unfertig ist

Das gelbe Gewand steht für mentale Energie

Die drei befestigten Münzen symbolisieren bereits Geleistetes

Der Hammer steht für die Arbeit, die noch erledigt werden muss

THEMA *Erste Arbeiten sind erledigt*

Die Drei der Münzen zeigt einen Handwerker, der ein Gebäude verlässt, dessen erste Bauphase abgeschlossen ist. Der Handwerker trägt braune und grüne Kleidung, symbolisch für die Farben des Elements Erde. Das Bild zeigt, dass der Handwerker mit dem Paar in gelber und orangefarbener Kleidung, Farben der mentalen Energie, über die weiteren Baupläne für das Gebäude gesprochen hat. Beim Bauen sind Wissen und Erfahrung vonnöten, aber auch praktische Kenntnisse, die hier durch das Element Erde dargestellt werden. Die drei Menschen gehen innerhalb eines großen Anwesens mit solider Struktur, das noch unfertig ist. Drei Münzen sind in eine Seite der Treppe gemeißelt, außerdem noch Laub und Weinranken, die alle für das Erd-Element stehen. Eine kleine Maus, ebenfalls Repräsentant des Erd-Elements, huscht die Treppen hinab.

Deutung

Die Drei der Münzen kombiniert den ersten Schritt zur Vollendung der Drei mit der erdigen Natur der Münzen. Die Karte sagt aus, dass ein bestimmter Grad der Gesamtleistung erreicht wurde. Doch noch ist das Gebäude unfertig. Tatsächlich liegt vor dem Endergebnis noch viel Arbeit.

Wenn die Drei der Münzen gelegt wird, heißt das, dass ein konkreter Fortschritt erzielt wurde, vielleicht bei der Arbeit oder im Privatleben. Das könnte der Kauf eines Hauses sein: Sie haben das Gebäude gekauft, aber es muss noch renoviert und eingerichtet werden. Die Karte signalisiert, dass die Grundlage solide ist und nur noch feinere Details ausgeführt werden müssen.

Es gibt einen zweischneidigen Aspekt bei allen Dreier-Karten: Die Befriedigung über das Geleistete, kombiniert mit dem frustrierenden Ausblick, dass das Projekt noch lange nicht beendet sein wird. Die erdigen Münzen sind besonders für alles, was der materiellen Welt angehört, zuständig. Die Karte könnte für einen langsamen, aber stetigen Fortschritt im geschäftlichen Bereich stehen.

DIE VIER DER MÜNZEN

Element: Erde

Die Figur hält ihre goldene Münze sehr fest, ein Hinweis auf Geiz

Kostbare Kleidung spiegelt die Liebe zu materiellen Stoffen wider

Die Mauer stellt die emotionale Trennung von den Menschen in der Stadt dar

Aus Angst, ausgeraubt zu werden, sitzt die Figur auf dem Koffer

THEMA *Zu sehr an etwas festhalten*

Die Vier der Münzen zeigt einen Mann mit kostbaren Gewändern, der auf einem Koffer sitzt, der an der Seite mit drei Münzen verziert ist. Er umklammert verzweifelt eine vierte Münze. Seine teure Kleidung ist Hinweis darauf, dass er Materielles schätzt, genau wie die Art, auf die er die Münzen fest an sein Herz drückt, als ob es Gold ist, was er am meisten begehrt. Er sitzt fest auf der Truhe mit den Münzen, ein Hinweis, dass Geld darin liegen könnte. Er will verhindern, dass etwas aus der Truhe verschwindet oder gestohlen wird. Der Mann scheint von der Stadt getrennt zu sein, abgeschnitten von anderen Menschen durch eine Mauer. Eine kleine Maus erinnert an das Element Erde, sie läuft an der Truhe entlang.

Deutung

Die Zahl Vier repräsentiert die materielle Welt. Bei den erdigen Münzen ist sie Hinweis auf starkes Engagement in finanziellen und geschäftlichen Dingen. Die Vier der Münzen hat den Ruf, die Karte des Geizhalses zu sein, sie steht für die ausgeprägte Angst und großen Argwohn, Geld oder materiellen Besitz zu verlieren. Er scheint sich sehr dagegen zu sträuben, sich von Geld oder weltlichem Besitz zu trennen. Das heißt zwar einerseits, dass nichts verlorengeht, aber auch, dass nichts erreicht wird. Die Situation führt zu einem gedrosselten Energiefluss, weil am liebsten nichts verändert wird, im schlimmsten Fall kommt es zu einem Energiestau.

Erscheint die Karte, steht sie für eine ungeheure Sehnsucht nach materieller Sicherheit und Stabilität, die die Fähigkeit zum Expandieren und Wachsen behindern kann, weil die Angst vor materiellen Risiken einfach zu groß ist. Da sich Ihre Einstellung zu Geld auch darin zeigt, wie Sie emotional reagieren, kann die Vier der Münzen auch bedeuten, dass es um Verlustängste im Persönlichen geht. Möglicherweise befürchten Sie emotionale Verletzung, wenn Sie zu frei mit Ihren Gefühlen umgehen.

DIE FÜNF DER MÜNZEN

Element: Erde

Die Kirche auf dem Bild, ein Ort der Anbetung, weist auf einen möglichen Verlust des Glaubens oder spirituellen Sinns hin.

Die notleidenden Bettler symbolisieren materiellen Verlust

Die Maus steht für das Element Erde

THEMA *Verlust von Vermögen oder Glauben*

Die Fünf der Münzen zeigt ein erleuchtetes Buntglasfenster, das zu einer Kirche zu gehören scheint, einem Ort der körperlichen und spirituellen Zuflucht. Bunte Früchte und Blumen, Symbole für das Element Erde, umrahmen die fünf leuchtenden Münzen in dem Fenster. Vor der Kirche ist es kalt, die sonst fruchtbare Erde bringt unter der Schneedecke

keine Früchte hervor. Zwei zerlumpte Bettler, einer auf
Krücken, suchen unter dem Fenster Schutz, sehen aber nicht
in das warme Innere hinein. Sie sind in ihr Unglück und Elend
versunken und nehmen anscheinend nicht wahr, dass Hilfe
nahe ist. Die Fünf der Münzen steht vorrangig für materiellen
Verlust und nicht für eine Ernte. Eine Maus in einer Ecke der
Karte erinnert an das erdige Wesen der Münz-Karten.

Deutung

Fünf ist die Zahl, die normalerweise für Angst und Anspannung in allen vier Kartenfarben steht. Bei den erdigen Münzen kann es sein, dass damit die finanzielle Situation gemeint
ist, andere Bedeutungen sind allerdings möglich. Wir messen
unser Selbstwertgefühl häufig an unserem materiellen Besitz.
Schwindet dieser, verlieren wir in unseren Augen an Wert. Die
Bettler schauen nicht zum hellen Fenster hinauf. Das kann darauf hinweisen, dass es schlimmer sein könnte, etwa durch den
Verlust des Glaubens an sich selbst und wenig Selbstachtung.

Die unterschwellige Botschaft der Fünf der Münzen ist,
dass es nicht nur schwierig wird, finanzielle Mittel zu halten,
sondern Sie sogar in der Gefahr schweben, den Glauben an
das Gute zu verlieren oder keinen Sinn mehr im Leben sehen. Wenn Sie die Karte ziehen, tun Sie gut daran, sich intensiv um Ihre finanziellen und spirituellen Angelegenheiten zu
kümmern.

DIE SECHS DER MÜNZEN

Element: Erde

Die Burg ist
Symbol für
Reichtum und
Stabilität

Die Waage steht
für sorgfältig
ausbalanciertes
Schicksal

Die Maus ist ein
Symbol für das
Element Erde

Die Weinblätter
auf dem Bogen
stehen für die
Reichtümer der
Natur

THEMA *Großzügigkeit und Wohltätigkeit*

Die Sechs der Münzen zeigt einen gut gekleideten Mann,
der Almosen an die Armen verteilt. Zwei Bettler in
brauner Kleidung, der Farbe des Elements Erde, strecken
ihre Arme aus, während ihr Wohltäter ihnen die Münzen in
die Handflächen zählt. Der reiche Mann hält eine Waage
in der rechten Hand, also auf seiner aktiven Seite, um die

Summe zu berechnen. Das Bild zeugt von Wohltätigkeit und Nächstenliebe. Über ihnen der schöne Steinbogen steht für Stabilität und Beständigkeit. Sechs Münzen und Weinlaub, Symbole für die Gaben der Natur, sind darauf zu sehen. Im Hintergrund steht eine Burg als Sinnbild für Reichtum und Glück. Eine kleine Maus an einem Bogensims ist das bekannte Symbol für das Element Erde.

Deutung

Sechs ist die Zahl des Ausgleichs und der Gleichheit. Bei den Münzen steht sie dafür, Vermögen und Glück zu teilen. Das Bild zeigt einen reichen Mann, der denen hilft, die materiell glücklos sind. Das bedeutet, dass finanzielle Hilfe zur Verfügung steht, wenn sie gebraucht wird. Für die Karte gibt es auch eine tiefere Bedeutung: Emotionale und physische Hilfe wird angeboten oder empfangen.

Wenn Sie die Karte ziehen, kann sie bedeuten, dass Sie anderen etwas geben oder dass Sie etwas von anderen erhalten. Die grundlegende Botschaft der Karte ist es, zu geben, wenn man kann und zu nehmen, wenn man muss. Im Leben ist niemand immer in der gebenden Rolle und auch nicht immer in der empfangenden Position. Wir kommen alle in die Gelegenheit, zu geben und zu nehmen. Bedeutsam ist die Waage in der Hand des Mannes: Er wägt genau ab, was gebraucht wird und gibt nicht mehr und nicht weniger. Wenn die Sechs der Münzen auftaucht, befinden Sie sich in der Position, dass Sie geben oder nehmen, je nachdem, was nötig ist. Was durchaus nicht das sein muss, was Sie wollen.

DIE SIEBEN DER MÜNZEN

Element: Erde

Die fest angebrachten Münzen stehen für das, was schon erreicht wurde

Die einzelne Münze symbolisiert, was erreicht werden kann, wenn der Mann die Richtung ändert

Der Hase ist ein Erd-Symbol

THEMA *Eine Entscheidung muss getroffen werden*

Die Sieben der Münzen zeigt einen Mann in grüner und brauner Kleidung, Farben des Elements Erde. Er steht zwischen zwei Feldern: Auf seiner rechten Seite wächst altbewährtes Getreide, darin sechs Münzen, die dort zu wachsen scheinen. Die Ernte auf der linken Seite ist weniger gut entwickelt und nur eine einzige Münze ist dort zu sehen, ein

Hinweis auf etwas Neues und noch nicht Verwurzeltes. Der Mann kann sich nicht entscheiden, ob er seine zuverlässige Nutzpflanze anbauen oder die neue Richtung auf seiner linken Seite verfolgen soll. Um ihn herum erinnern die reiche Ernte und der über den Weg rennende Hase, ein Symbol der Fruchtbarkeit, an das Element Erde.

Deutung

Sieben ist die Zahl des Wissens. Die Sieben der Münzen ist die Karte, die dafür steht, dass eine Entscheidung getroffen werden muss. Der Mann auf dem Bild hat mit seiner üppigen Ernte auf der linken Seite, der Seite der Kreativität und Passivität, schon viel erreicht. Die einzelne Münze auf der rechten, der Seite des Handelns, weist darauf hin, dass sich eine neue Gelegenheit ergeben könnte.

Wenn Sie die Karte legen, müssen Sie sich zwischen zwei aktiven Pfaden entscheiden. Ein Pfad ist Ihnen gut bekannt, er ist erprobt und hat sich als profitabel bewährt. Der andere ist etwas völlig Neues, sogar Fremdes. Die Karte bietet kein Urteil im Sinn von richtig und falsch an. Sie illustriert lediglich, dass es nun Zeit ist, Energie in die eine oder andere Seite zu stecken und dass Sie entscheiden, in welche. Vermutlich ist auf beiden mit Vorteilen und Nachteilen zu rechnen. Es ist an Ihnen, diese abzuwägen und entsprechend zu handeln.

DIE ACHT DER MÜNZEN

Element: Erde

Die Werkstatt
steht für einen
Arbeitsplatz

Feld und
Obstgarten
stehen für die
Gaben der
Natur

Der Mann
misst sorgfältig,
er will seine
Arbeit ordentlich
ausführen

Die Maus
symbolisiert
das Element
Erde

THEMA *Neue Fertigkeiten erlernen*

Die Acht der Münzen zeigt einen jungen Handwerker, der seine Lehrlingsschürze und -mütze mit Freuden trägt und in der Werkstatt fleißig ist. Er misst auf einer Bank sorgfältig und präzise eine Münze aus. An einem Brett hinter ihm sind sieben fertige Münzen angenagelt. Kleine Grasbüschel wachsen auf dem Werkstattboden und symbolisieren neue

Ideen. Draußen fällt der Blick auf Felder und Obstbäume, Sinnbilder für die Geschenke der Erde. Eine kleine Maus, ein Erd-Tier, versteckt sich hinter dem Tisch. Die Szene illustriert Fleiß und Talent.

Deutung

Acht ist die Zahl der Erneuerung. Bei den Münzen steht sie für eine neue Richtung im Berufsleben. Die Acht der Münzen ist bekannt als Lehrlingskarte, weil sie häufig einen Richtungswechsel ankündigt, vielleicht in Form einer Ausbildung oder eines Studiums. Eine Ausbildung macht reiferen Schülern generell mehr Spaß, weil sie sich in der Regel ihre Fächer selbst aussuchen. Daher sieht der Handwerker auf dem Bild so zufrieden aus. Er vertieft sich in seine Arbeit, für die er sich sehr interessiert und die ihm Freude bereitet. Die Karte signalisiert sowohl Fertigkeit als auch die Disziplin, die er braucht, um in seiner Arbeit zu brillieren. Die erdigen Münzen beschreiben unsere Einstellung zur materiellen Seite des Lebens: Allgemein ist die Tatsache akzeptiert, dass Menschen zufriedener sind, wenn sie für das, was sie erarbeiten, bezahlt werden, anstatt dass sie nur arbeiten, weil sie Geld verdienen müssen.

Wenn die Acht der Münzen gelegt wird, ist sie eine Gelegenheit, in eine bestimmte, wirklich inspirierende Richtung zu gehen, auch wenn dafür eine Ausbildung oder ein Studium nötig ist. Obwohl der Handwerker in seine eigene Welt der Arbeit versunken ist, ist die Tür zu seiner Werkstatt offen und verbindet ihn mit der Welt draußen, von der er am Ende seine Belohnung und Anerkennung erhalten wird.

DIE NEUN DER MÜNZEN

Element: Erde

Der Jagdvogel
steht für weiten
Intellekt
und große
Vorstellungskraft

Die Burg ist ein
Bild materieller
Stabilität und
Sicherheit

Die Weinranken
symbolisieren
die Reichtümer
der Erde

Die Kleidung
der Frau
symbolisiert
ihren materiellen
Erfolg

Der Hase ist
ein Symbol für
Fruchtbarkeit
und Fortpflan-
zung

THEMA *Erfolg und Vergnügen*

Die Neun der Münzen zeigt eine gut gekleidete Frau, deren schöne Kleidung Blumen zieren. Sie steht in einem üppigen, ertragreichen Weinberg und greift in den Weinstock zu ihrer Linken. Die Weinstöcke symbolisieren die Großzügigkeit der Erde, die die Frau schätzt und genießt. In ihrer rechten Hand hält sie einen Falken, einen Jagdvogel, der für tief reichenden Intellekt und große Vorstellungskraft steht. Die neun Münzen sind in die üppigen Mengen an Früchten und Laub eingebettet, die die Frau umgeben. Sie wirkt zufrieden mit dem, was sie hat. Neben ihr der Hase ist ein Symbol für erdverbundene Fruchtbarkeit. Im Hintergrund steht auf einem Hügel eine Burg, die für die Leistungen und hohen Bestrebungen der Frau steht, aber auch für materielle Stabilität und Sicherheit.

Deutung

Neun ist die Zahl, die alle Zahlen vorher in sich vereint und die das Fundament für die Vollendung des Kreises durch die Zehn bildet. Die Neun der Münzen spiegelt materielle Sicherheit und Wohlstand wider. Die Frau auf dem Bild trägt schöne Kleidung, ist ruhig und zufrieden. Sie ist umgeben von den Reichtümern der Erde: Sie hat für ihren Erfolg gearbeitet und kann nun die schönen Dinge im Leben genießen.

Auf dem Bild steht die Frau allein, nur der Vogel ist bei ihr, er steht für die Macht der Gedanken und Fantasie. Sie braucht keine anderen Menschen, das bedeutet aber nicht, dass sie sie nicht um sich haben möchte oder sie wegstoßen würde. Es heißt nur, dass sie mit sich selbst so sehr im Reinen ist, dass sie auch allein glücklich ist. Sie kann stolz sein auf ihre Leistung und hat inneren Frieden gefunden. Darum braucht sie auch niemanden, der ihr sagt, wie viel sie erreicht hat. Wenn diese Karte erscheint, kündigt sie eine Zeit der Ruhe an, in der Sie das Positive in Ihrem Leben genießen können und in Harmonie mit der Welt sind.

DIE ZEHN DER MÜNZEN

Element: Erde

Die Burg
steht für
Sicherheit und
Stabilität durch
Generationen
hindurch

Der alte Mann,
die Tochter
und das Kind
repräsentieren
Familien-
traditionen

Der Hund ist ein
Symbol für das
Element Erde

THEMA *Das Weitergeben positiver Traditionen*

Die Zehn der Münzen zeigt eine Familie: Der Enkel sitzt auf dem Knie des Großvaters, dessen Tochter neben ihm steht. Sie genießen den Frieden und die Schönheit ihres schön angelegten Gartens. Im Hintergrund ist eine prächtige Burg zu sehen, Symbol der seit langem aufrecht erhaltenen Familientradition. Da Burgen üblicherweise an die nächste

Generation fielen, stehen sie für Sicherheit und Stabilität in einer sich schnell verändernden Welt. Der Familienhund ist mit auf dem Bild, ein Sinnbild für Loyalität und die natürliche Welt, genau wie der blühende Garten, der Symbol dafür ist, dass die Münzen dem Element Erde zugeordnet sind.

Deutung

Zehn ist die Zahl der Vollendung. Bei den Münzen ist sie nicht nur Hinweis darauf, sondern auch auf Beständigkeit. Das Bild beschreibt eine Familientradition, gegründet auf harter Arbeit und Engagement für einen gemeinschaftlichen Zweck. Das Element Erde steht in Einklang mit dem Spruch „nur wer sät, kann auch ernten." Die Kernbotschaft der Karte ist, dass es nicht ohne das Einbringen von Zeit und Energie – sowohl finanziell als auch emotional – geht, wenn am Ende ein Gewinn herauskommen soll. Eine reiche Ernte ist nicht möglich, ohne zuvor gepflanzt zu haben.

Wenn Sie die Zehn der Münzen aufdecken, sollen Sie etwas Konkretes für die Zukunft machen. Vielleicht ist jetzt die Zeit, ein Haus zu kaufen, eine Familie zu gründen oder Maßnahmen für später zu ergreifen. Das könnte im positiven Sinn das Weitergeben von Familientraditionen sein, es könnten ein Erbe oder Geschenke materieller Natur sein oder das nicht so fassbare Geschenk der Liebe und Unterstützung durch die Familie. Ein wichtiger Aspekt dabei ist, etwas zu schaffen, das das eigene Leben bei Weitem überdauern wird. Das kann sich auf Kinder genauso beziehen wie auf die Forschung oder künstlerische und literarische Schöpfungen, von denen nachfolgende Generationen noch etwas haben, wenn die Person, auf die sie zurückgehen, schon lange nicht mehr lebt.

DER BUBE DER MÜNZEN

Element: Erde

Die Kleidung ist braun und grün, Farben des Elements Erde

Der Hase steht für Fruchtbarkeit und Fortpflanzung

Die neue Ernte ist zu sehen, ein Hinweis auf Neuanfänge

THEMA *Kleine Anfänge*

Alle Buben werden mit jugendlichem Potenzial dargestellt, für etwas noch nicht Vollkommenes. Der Bube der Münzen zeigt einen Jungen in einfachem Gewand in Braun- und Grüntönen. Er steht auf einem gepflügten Feld, auf dem die jungen Sprossen der neuen Ernte durch die Erde stoßen. Dies ist das Bild für einen Neuanfang, repräsentiert durch die neue Ernte, die vermitteln soll, dass die Natur sich in ihrem eigenen Tempo entwickelt und nicht gehetzt werden kann. Der Junge hält eine einzelne Münze vorsichtig in beiden Händen und ist sich ihres einzigartigen Potenzials wohl bewusst. Ein Hase, Symbol für Fruchtbarkeit und Fortpflanzung, hüpft fröhlich hinter ihm über das Feld.

Deutung

Die Buben, wie wir bereits bei den anderen Kartenfarben gesehen haben, repräsentieren Ideen oder Projekte, die noch in ihren Kinderschuhen stecken. Der Bube der Münzen bezieht sich auf etwas Großes, das aus etwas Kleinem, vermeintlich Unscheinbarem, entsteht. Die traditionelle Auslegung der Karte ist, dass es eine Gelegenheit für materiellen Erfolg gibt, der klein beginnt, aber der sich auf lange Sicht zu etwas Großem entwickelt. Der Bube der Münzen steht für den Anfang dieses Prozesses. Wird er gezogen, erinnert er uns daran, dass es unbedingt notwendig ist, am Beginn jeder neuen Unternehmung ein festes Fundament zu legen, auf dem etwas gedeihen kann. Der Bube der Münzen wird mit harter Arbeit und Fleiß assoziiert.

Wenn Sie die Karte legen, kann es sein, dass eine ernsthafte und umsichtige Person in Ihr Leben tritt, die Ihnen hilft, etwas zu gründen oder Ihnen ein gutes Beispiel dafür ist, ein neues Projekt sorgfältig zu planen. Alternativ bedeutet die Karte, dass es nun für Sie Zeit ist, etwas in sich selbst zu entwickeln.

DER RITTER DER MÜNZEN

Element: Erde

Eichenblätter stehen für das langsame Wachstum der Eichel zur mächtigen Eiche

Das Pferd des Ritters ist für die Arbeit, nicht fürs Rennen geeignet

Die Feldmaus symbolisiert das Element Erde

THEMA *Fortschritt ist langsam, aber stetig*

Der Ritter der Münzen zeigt einen jungen Mann, der wie ein Ritter gekleidet ist, mit einem Überwurf, den Eichenblätter zieren. Er sitzt auf einem Kaltblutpferd, das ruhig mitten auf einem frisch gepflügten Feld steht. Er hält eine Münze. Im Hintergrund ist üppigeres Wachstum zu sehen. Die Szene stellt den natürlichen Kreislauf von Geburt,

Blüte und Verfall dar, zentrale Aspekte der erdigen Natur der Münzen. Eichenblätter statt der wehenden Federn der anderen Ritter schmücken seinen Helm. Sie unterstreichen seine Verbindung zum Element Erde, genau wie die Feldmaus in der Ackerfurche.

Deutung

Der Ritter der Münzen steht bewegungslos auf einem umgepflügten Acker. Er ist der einzige Ritter, der auf einem Arbeitspferd sitzt und das Pferd ist das einzige, das stillsteht. Die anderen Ritter symbolisieren Aktivität und Bewegung, während der Ritter der Münzen für schrittweisen Fortschritt steht. Sein Pferd ist für harte Arbeit und nicht fürs Rennen gemacht. Er selbst ist Symbol für Geduld und Beständigkeit, er ist nicht verschwenderisch oder leicht abzulenken. Die große Stärke des Ritters der Münzen ist es, das zu vollenden, was er begonnen hat, indem er seinem Kurs akribisch folgt. Es mag ihm vorgeworfen werden, langweilig zu sein, aber er erreicht entschlossen seine Ziele.

Der Ritter der Münzen ist dem Erd-Sternzeichen Jungfrau zugeordnet, das für seine Genauigkeit und Detailliebe bekannt ist. Wird der Ritter der Münzen gelegt, kann das ein Hinweis sein, dass eine Person, die freundlich, zuverlässig und ehrlich ist, in Ihr Leben tritt. Es kann auch bedeuten, dass Sie diese Eigenschaften für sich entwickeln sollen oder dass Sie Geduld üben müssen bei einer Sache, die sich langsam auf ihr gutes Ende zubewegt.

DIE KÖNIGIN DER MÜNZEN

Element: Erde

Rosen stehen
für Schönheit
und Liebe

Die Stierköpfe
sind ein
Symbol für das
Sternzeichen
Stier

Der Garten ist ein
Symbol für die
Früchte der Erde

Der Hase
steht für
Fruchtbarkeit

THEMA *Liebe zum Luxus*

Die Königin der Münzen sitzt auf einem steinernen Thron, der mit Stierköpfen verziert ist. Stiere symbolisieren das Erd-Sternzeichen Stier, mit dem die Königin der Münzen verbunden ist. Auch Feldfrüchte schmücken den Thron in dem üppigen Garten, der für die Fülle der Natur steht. Zwischen den vielen verschiedenen Blumen im Garten wachsen Rosen,

Rosenmotive finden sich auch auf dem Mantel der Königin wieder. Rosen stehen für Jugend und Schönheit und sind besonders mit Venus, dem herrschenden Planeten über das Sternzeichen Stier, verbunden. Ein Hase sitzt beim Thron und ist Zeichen für Fruchtbarkeit. Die Königin hält eine Münze, einem Symbol der Naturmagie, auf ihrem Schoß und sieht sie liebevoll an.

Deutung

Die Königin der Münzen repräsentiert eine Person, die praktisch und materialistisch ist. Sie ist sich der realen Welt bewusst und steht mit ihr in Kontakt. Sie ist mit der Erd-Wahrheit auf eine Art verbunden, die die anderen Königinnen nicht besitzen. Die Münzen sind auf sachliche Weise mit der Erde zusammengeschweißt. Die Königin der Münzen ist sich ihrer als sinnliches Wesen voll bewusst, sie ehrt den Körper und schätzt seine Bedürfnisse ganz ungeniert. Sie ist bereit und willens, für das, was sie erreichen möchte, hart zu arbeiten und kann die Früchte ihrer Anstrengungen zufrieden genießen. Wie die, die unter dem Sternzeichen Stier geboren wurden, das mit der Karte verbunden ist, erfreut sich die Königin an leckerem Essen, gutem Wein und der Schönheit ihrer Kleidung und ihrer Umgebung. Sie ist großzügig, sowohl sich selbst als auch anderen gegenüber, und gibt ihr Bestes – emotional und praktisch.

Wenn Sie die Karte legen, könnte es sein, dass Sie einen solchen Menschen wie die erdige Königin kennenlernen. Alternativ kann es nötig sein, dass Sie nun besonders aufmerksam auf Ihre körperlichen Bedürfnisse und sexuellen Wünsche hören sollten.

DER KÖNIG DER MÜNZEN

Element: Erde

Die Burg
repräsentiert
Reichtum und
Status

Weintrauben
symbolisieren
die Süße der
Erde

Der Steinbock
steht für das
gleichnamige
Sternzeichen

THEMA *Finanzielle Sicherheit und Stabilität*

Der König der Münzen trägt kostbare Kleidung mit Weintrauben und Weinblättern darauf. Echter Wein wächst auf beiden Seiten von ihm. Der Wein symbolisiert den Reichtum der Erde, die Trauben ihre Süße. Der Steinthron ist mit Steinbockköpfen verziert, Symbole für das Sternzeichen Steinbock, mit dem der König der Münzen verbunden ist. Er hält einen Reichsapfel in der linken Hand als Zeichen seiner weltlichen Macht und eine Münze in der rechten Hand als Symbol der Erdmagie. Hinter ihm steht eine beeindruckende Burg, die Sinnbild seiner irdischen Errungenschaften und materiellen Besitztümer ist.

Deutung

Der König der Münzen erscheint als majestätische Figur und Autoritätsperson. Er ist ein Abbild menschlichen Ehrgeizes, ganz im Einklang mit dem Sternzeichen Steinbock, und repräsentiert den Wunsch nach Status und der damit verbundenen Macht. Der König der Münzen beschreibt jemanden, der für seinen Erfolg hart gearbeitet hat und stolz auf seine Leistung ist. Wie die Königin der Münzen will er genießen und sich an seinen weltlichen Gütern erfreuen. Wie alle Erd-Hofkarten weiß der König der Münzen, dass nur Anstrengung und Arbeit zum Erfolg führen. Er fürchtet sich nicht vor harter Arbeit und kann als Folge davon in stiller Wertschätzung ernten, was er gesät hat. Das Sternzeichen Steinbock steht für den irdischen Rang und der König der Münzen fordert Respekt und Status. Seine ausgeprägte Entschlossenheit und der Wille zum Erfolg bringen den Steinbock meist zum lang ersehnten Ziel, sei es Reichtum, Macht oder sozialer Status.

Wenn die Karte auftaucht, könnte eine mächtige Person wie der König der Münzen in Ihr Leben treten oder Sie sollen Ehrgeiz und Zielstrebigkeit in sich selbst entwickeln, um materiell und sozial Erfolg zu haben. Der König der Münzen besitzt vielleicht nicht die farbenfrohen, dynamischen Qualitäten der anderen Könige, aber er hat einen sehr starken Charakter, gepaart mit einer großzügigen Natur und hohen moralischen Prinzipien.

Beispiel: Münzen deuten

James, ein vierzig Jahre alter Familienvater, wollte von mir erfahren, wie sich seine finanzielle Situation ändern würde, wenn er sich beruflich umorientierte. Er zog diese fünf Karten der Münzen.

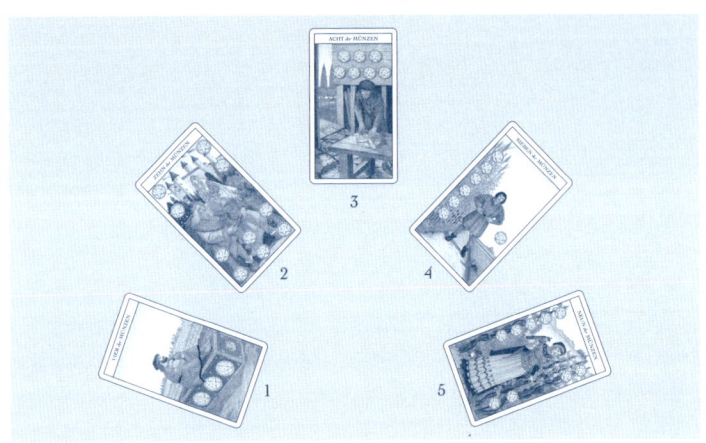

1. Gegenwärtige Situation: Vier der Münzen

Die Vier der Münzen ist eine Karte, die für Angst vor dem Risiko steht und davor, Geld oder Kontrolle zu verlieren. James gab zu, dass es ihn nervös machte, seinen aktuellen Job aufzugeben, der finanziell sicher war, aber ihn kreativ überhaupt nicht zufrieden machte.

2. Gegenwärtige Erwartungen: Zehn der Münzen

Die Karte steht für Stabilität und Sicherheit. Die Zehn der Münzen bezieht sich häufig auf Besitz und Familiengeld. James sagte, dass fast sein ganzes Geld in dem großen Haus steckte. Wenn er sich beruflich verändern würde, müsste er das Haus verkaufen, um Kapital aufzubringen.

3. Das Unerwartete: Acht der Münzen

Die Karte deutet auf eine Ausbildung oder Schulung hin. In James'
Fall schien sie auf die Gelegenheit auf etwas Neues hinzuweisen, zu
dem das Erlernen neuer Kenntnisse oder der Einsatz vorhandener
Talente auf die eine oder andere Art gehörte.

4. Unmittelbare Zukunft: Sieben der Münzen

Die Karte signalisiert eine schwierige Entscheidung zwischen dem,
was etabliert und bekannt ist, und dem Unbekannten, völlig Neuem.
James sagte, das sei eine perfekte Beschreibung seiner Situation,
denn er wollte gerne seinen lukrativen, aber seelenzerfressenden Job
bei einer Bank aufgeben und dem langgehegten Traum folgen, ein
Restaurant zu führen. Er hatte Angst vor den möglicherweise negativen Auswirkungen auf die ganze Familie.

5. Entferntere Zukunft: Neun der Münzen

Die Neun der Münzen deutet auf Wohlstand und Stabilität hin,
gekoppelt mit einem Zustand der Zufriedenheit, dass die eigenen
Anstrengungen zu diesem Lebensstil geführt haben. Es war nicht
klar, ob sich das auf seine augenblickliche Position bezog oder auf
eine neue berufliche Karriere.

Folgerung

James musste finanziell und emotional loslassen (Vier der Münzen). Das hieß nicht unbedingt, dass er „das große Risiko" einge-
hen sollte, sondern dass er innerlich weniger verkrampft sein sollte.
Es ging ihm gut, er war sicher (Zehn der Münzen) und konnte
dankbar dafür sein, dass er überhaupt wählen konnte, ob er seinen
Beruf wechseln sollte oder nicht. Er sollte bedenken, dass ein
Wechsel eine weitere Ausbildung erforderlich machte (Acht der
Münzen). Vielleicht gab es die Möglichkeit, sich neben seinem
aktuellen Job weiterzubilden. Er muss viel bedenken (Sieben der
Münzen), hat aber im Moment eine sichere Perspektive (Neun der
Münzen).

Beispiel für eine Deutung der Kleinen Arkana

Jetzt wollen wir alle Kartenfarben kombinieren. Sie werden bemerken, dass die Auslegung komplexer, aber gleichzeitig interessanter und herausfordernder wird. Das folgende Beispiel verwendet alle 56 Karten der Kleinen Arkana in dem traditionellen Legesystem Keltisches Kreuz. Das System eignet sich besonders, um einen allgemeinen Eindruck von der Situation einer Person zu bekommen.

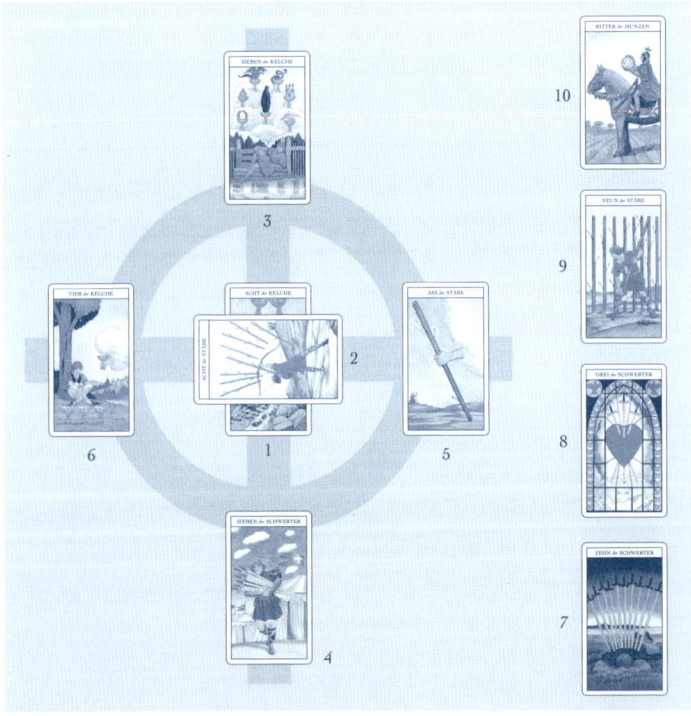

Ich mag strukturierte Deutungen. Dabei kombiniere ich drei verschiedene Legesysteme, damit ich ein vollständiges Bild der Situation einer Person erhalte. Zuerst lege ich das Keltische Kreuz nur mit den Kleinen Arkana. So erfahre ich Einzelheiten über die Umstände im Alltag der fragenden Person. Danach lege ich den Stern und benutze dabei nur die Großen Arkana, so kann ich der Psyche der Person näherkommen, ihrem inneren Leben (siehe Seiten 186– 188). Zum Schluss lege ich mit den Kleinen und Großen Arkana das Hufeisen (siehe Seiten 189–191) für einen umfassenden Überblick der Situation.

Catherine, eine Frau in ihren Dreißigern, wollte etwas über ihre künftige Orientierung wissen. Sie sagte zwar, sie hätte kein echtes „Problem", aber es gab rund um ihre Karriere und ihr Familienleben Dinge, die sie besprechen wollte. Sie war verheiratet und hatte zwei kleine Kinder, außerdem führte sie von zu Hause ihr eigenes Unternehmen. Das machte ganz gute Umsätze und die Kinderbetreuung konnte flexibel gestaltet werden, aber Catherine fing an, das stimulierende und gesellige Umfeld im Büro zu vermissen. Gleichzeitig wollte ihr Ehemann gerne aus der Stadt herausziehen und ein einfacheres Leben führen. Catherine war sich unsicher, ob sie wirklich aufs Land passte.

Catherine wählte zehn Karten der Kleinen Arkana und ich legte damit ein Keltisches Kreuz für sie.

1. Darum geht es: Die Acht der Kelche

Der Karte nach ist es notwendig, eine Situation hinter sich zu lassen, auch wenn man bereits viel Sorgfalt und Energie hineingesteckt hat. Sehen Sie die Figur, die den ordentlich gestapelten Kelchen den Rücken zukehrt und auf die kahlen Berge zugeht. Catherine meinte, das würde sich auf ihre Arbeit von zu Hause aus beziehen. Ihr Unternehmen zu führen kostete sie viel Zeit, war nicht immer so spannend, wie sie erhofft hatte und brachte finanziell zu wenig ein, als dass es den ganzen Stress wert war. Catherine war der Meinung, dass es auf kreativer Ebene stimulierender sein oder mehr einbringen sollte, damit ihr Aufwand gerechtfertigt sei. Ihre Arbeit erfüllte keine der gewünschten Kriterien und sie suchte nach einer Alternative, die ihr den gewünschten Anreiz verschaffen würde.

2. Das kreuzt es: Die Acht der Stäbe

Die zweite Karte symbolisiert die Hindernisse, auf die Catherine stößt. Die Acht der Stäbe ist eine Energiekarte voll Kreativität und Ideen, ein Hinweis auf eine Zeit positiven Handelns. Aufgrund ihrer Lage bedeutet die Karte, dass Aktivität möglich ist, aber sie wird irgendwie verschoben oder zurückgehalten. Catherine fand, dass ihr Leben so straff strukturiert war, dass sie weder Zeit noch Raum hatte, die neuen Wege zu gehen, für die die Acht der Stäbe steht.

3. Das krönt es: Die Sieben der Kelche

Die dritte Karte ist der Hinweis, dass Ideen zwar vorhanden sind, aber nicht umgesetzt werden. Das Bild auf der Karte zeigt eine Vielzahl an Möglichkeiten, aber sie bleiben hinter Wolken versteckt und sind noch nicht in der Wirklichkeit angekommen. Catherine bestätigte, dass die Sieben der Kelche genau beschrieb, wie sie sich fühlte: Sie hatte viele Einfälle, viele Wünsche, aber Konkretes war nicht dabei. Sie sollte sich eine Idee herauspicken und sie verfolgen, damit der Traum wahr werden konnte.

4. Darauf ruht es: Die Sieben der Schwerter

Der vierten Karte nach ist es wichtig, Dinge nahe bei sich zu behalten. Beachten Sie die verstohlene Art, auf die sich der Mann aus dem Lager stiehlt und dabei die sieben Schwerter fest an sich drückt. Darin erkannte Catherine ihre Taktik der letzten Zeit wieder, sich davor zu drücken, mit ihrem Mann über ihre Pläne zu sprechen. Er war zufrieden mit der Situation und wollte außer dem Umzug aufs Land nichts ändern. Auch er arbeitete von zu Hause, ihm gefiel es, wie sie ihre beruflichen und familiären Pflichten teilten. Als Catherine ansprach, das Homeoffice zu verlassen, wurde er ungehalten und brachte Argumente dagegen vor: das Einkommen, mehr Stress für alle, wenn sie nicht zu Hause wäre, lange Arbeitszeiten.

5. Das war zuvor: Das Ass der Stäbe

Die fünfte Karte zeigt die nahe Vergangenheit. Der kreative Beginn des Stab-Asses markierte sicherlich die Zeit, als Catherine ihren prestigeträchtigen Job verlassen hatte und ihr eigenes Unternehmen zu Hause gründete. Sie fand es damals aufregend, ihr Arbeits- und ihr Familienleben zu kombinieren, aber in letzter Zeit nahm ihre Begeisterung dafür ab, denn die Routine langweilte sie, ihr fehlten die sozialen Kontakte. Gleichzeitig sah sie keine weiteren Entwicklungsmöglichkeiten für ihre Firma, ohne sie vollkommen umzukrempeln, was ein höheres Risiko und mehr Stress bedeuten würde.

6. Das kommt danach: Die Vier der Kelche

Die Vier der Kelche zeigt eine Figur mit drei Kelchen vor sich und einem vierten, der ihm aus den Wolken heraus angeboten wird. Dennoch sitzt er mit verschränkten Armen und brütet vor sich hin. Die Vier der Kelche ist die Karte der Unzufriedenheit im Angesicht vieler Segnungen. Catherine wusste, dass ihr Leben auf viele Weisen sehr gut verlief und sie für Vieles dankbar sein konnte. Sie identifizierte sich stark mit der Figur auf der Karte, denn sie war unzufrieden, obwohl es ihr gut ging. Ihre Sehnsucht, ihr Arbeitsleben zu verändern, frustrierte sie und sie sah nur, wie sich Aspekte ihres Lebens und das ihres Mannes und ihrer Kinder schwieriger gestalten würden.

7. Das ist die fragende Person: Die Zehn der Schwerter

Die Zehn der Schwerter zeigt eine liegende Figur, in der zehn Schwerter stecken. Es ist das dramatische Ende von etwas, obwohl die Karte nicht für den physischen Tod steht. Die Zehn der Schwerter in dieser Position bedeutet, dass Catherines Bedürfnis nach Veränderung weiter zunehmen wird. Aufgrund der inneren und nicht der äußeren Bedrängnis wird das unvermeidbar sein. Der Schmetterling neben der Figur deutet auf Wiedergeburt hin und kündigt eine neue Phase im Leben an.

8. So sehen es andere: Die Drei der Schwerter

Das Herz ist von drei Schwertern durchbohrt. Obwohl das kein schöner Anblick ist, steht er für ein Nachlassen der Spannung. Nach der Zehn der Schwerter repräsentiert die Drei der Schwerter eine Art Lösung für das Problem. Zwar ist es ungewiss, ob eine Veränderung Gutes oder Schlechtes bringt, aber wenigstens kommt nach einer Zeit des Feststeckens etwas in Gang. Wahrscheinlich wird Catherines Situation sich verändern und andere Menschen diese Ereignisse ihres Lebens negativer bewerten als Catherine selbst.

9. Hoffnungen und Ängste: Die Neun der Stäbe

Die Karte zeigt einen Mann, der seine Habe verteidigt. Das bedeutet, dass es einen Kampf geben wird, aber ausreichend Kraft- und Energiereserven vorhanden sind. Obwohl das Leben für eine Weile einen harten Kurs einschlagen wird, können alle Schwierigkeiten überwunden werden. Catherine war sowohl ängstlich als auch hoffnungsvoll, wenn sie an die Veränderungen dachte. Sie erwartete, dass jede Veränderung unvermeidbar Schwierigkeiten nach sich ziehen würde, aber sie traute sich zu, damit fertig zu werden.

10. Dorthin führt es: Der Ritter der Münzen

Der Ritter der Münzen ist ein sicherer und beständiger Ritter, der seinen Weg über den gepflügten Acker in ruhiger Manier verfolgt. Die Münzen sind mit dem Element Erde verbunden und Catherine freute sich über den Ritter, da er emotionale und finanzielle Sicherheit signalisierte. Alle Ritter kündigen Reisen an – und damit Veränderungen –, aber der Ritter der Münzen ist der vorsichtigste und besonnenste der Vier. In dieser letzten Position scheint er zu bedeuten, dass Catherine sich auf Stabilität und Sicherheit nach einem Aufruhr freuen kann. Das geschieht entweder durch ihre eigenen Bemühungen oder durch jemanden, der die Qualitäten des Ritters personifiziert, nämlich Beharrlichkeit und Fleiß.

DIE GROSSEN ARKANA

Die Großen Arkana ist ein Satz aus zweiundzwanzig Karten, die nacheinander alle Stationen im Leben eines Menschen beschreiben. Die Reise durch die Großen Arkana ist die Reise des Narren durch das Leben. Der Narr, der für jeden von uns steht, durchläuft seine Kindheit und Jugendzeit, bis er erwachsen ist und auf die vier Tugenden Gerechtigkeit, Mäßigung, Tapferkeit und Klugheit (Der Eremit) trifft. An diesem Punkt hat er sein mittleres Alter erreicht und somit auch die Krise, die nun häufig einsetzt, markiert durch das Rad des Schicksals. In der zweiten Lebenshälfte findet eine innere Seelenforschung statt, die durch den Gehängten, den Tod, den Teufel und den Turm repräsentiert werden. Wenn der Mensch zu einem tieferen Verständnis seiner selbst gekommen ist, kann er weiterziehen zu den höheren Prinzipien, die durch den Stern, den Mond und die Sonne dargestellt werden. Es folgt die Wiedergeburt in der Karte des Gerichts und endlich – mit der Welt-Karte – der Triumph.

Wenn Sie sich mit dem Bild auf den Karten beschäftigen, versuchen Sie, sie zu „erspüren", eine Verbindung herzustellen. Gelingt es Ihnen, sich die Karten durch Ihre Gefühle zu eigen zu machen, geht Ihre Auslegung der Karten tiefer. Wie bei den Kleinen Arkana wird jede Karte im Detail besprochen und die Symbolik erklärt. Auch mögliche Auslegungen werden diskutiert. Am Ende des Abschnitts gibt es anhand des Legesystems Stern, das mit dem Keltischen Kreuz mit den Kleinen Arkana verwandt ist, ein Beispiel für eine Deutung. Nur dass bei diesem Beispiel ausschließlich die Großen Arkana verwendet werden, um „die Geschichte" abzurunden. Den Schluss bildet ein Legesystem mit fünf Karten des komplettes Tarotdecks, das illustriert, wie Große und Kleine Arkana kombiniert werden.

DER NARR

Der Schmetterling symbolisiert die Sonne

Die weiße Rose steht für Leidenschaft und Reinheit

Die Klippe repräsentiert den Übergang zu einer neuen Phase

THEMA *Der Drang zur Veränderung ist stärker als die Angst davor*

Der Narr ist die Karte, mit der der Kreislauf der Großen Arkana ihren Anfang nimmt. Er ist jung, sorgenfrei und sich der Gefahren nicht bewusst, die auf ihn lauern, wenn er nicht aufpasst, wohin er geht. Seine Position am Abgrund erinnert an das Kind im Mutterleib, das darauf wartet, geboren zu werden: Er steht kurz davor, den Schritt über die

Klippe in ein irdisches Leben zu machen. Sein Gesicht ist dem Himmel zugewandt und er folgt einem Schmetterling, der in der klassischen heidnischen Kunst die Seele verkörpert. In einer Hand hält er einen Stock mit einem Bündel daran, Symbol für die Vergangenheit, die er gerade nicht braucht, da er an der Schwelle zu einer neuen Lebensphase steht. Die andere Hand hält eine Rose, Sinnbild für Leidenschaft. Sie ist weiß, die Farbe der Reinheit. Noch weiß er nicht, was er eigentlich sucht oder wohin ihn seine Reise führen wird. Sein Hund sieht fragend zu ihm auf, als ob er fragen würde, wo sie hingehen, aber der Narr beachtet ihn nicht. Er ist zu sehr mit den Freuden des Moments erfüllt, als dass er Pläne schmiedet.

Deutung

Der Narr verkörpert einen Neubeginn, was meist mit gemischten Gefühlen verbunden ist. Am Anfang eines Vorhabens mischen sich häufig Aufregung und Angst oder Freude auf etwas, das interessant zu werden verspricht, mit Zweifel und Besorgnis.

Wenn Sie den Narren legen, heißt das lediglich, dass etwas Neues geschieht. Vielleicht ist das eine Gelegenheit oder dass Sie den gegenwärtigen Stand nicht länger aushalten und aus der aktuellen Situation ausbrechen müssen. Schauen Sie sich den Narren an, der jeden Moment den Schritt in den Abgrund macht – ein möglicherweise gefährlicher Schritt, dennoch ist er fröhlich und zuversichtlich. Sein Hund versucht, ihn zu warnen, aber der Narr ignoriert ihn. Wenn Sie vielleicht auch noch nicht genau wissen, auf welche Weise sich Ihr Leben verändern soll, sagt Ihnen der Narr, dass die alten Pfade Sie nicht mehr zufriedenstellen und dass Sie ein Risiko eingehen müssen, um etwas zu verändern.

DER MAGIER

Die Schlange,
die ihren
Schwanz frisst,
ist ein Sinnbild
für die Ewigkeit

Die vier
Symbole
der Kleinen
Arkana stehen
für die vier
Elemente

Eine Hand zeigt
zum Himmel,
die andere zur
Erde, so wird er
zur Verbindung
zwischen ihnen

Lemniskaten
sind
Symbole der
Unendlichkeit

THEMA *Neubeginn, Gelegenheit und Talente*

Die Karte zeigt einen dunkelhaarigen Mann, der unter einem Bogen steht, der überwuchert ist mit roten und weißen Rosen. Der Garten, in dem er steht, ist voller weißer Lilien und roten Rosen. Die weißen Lilien stehen für die Reinheit des Geists, die roten Rosen für Leidenschaft und Sehnsucht. Zusammen repräsentieren sie Einheit und

Ausgleich. Die Fruchtbarkeit des Gartens gibt das unendliche Potenzial des Magiers wieder. Er trägt eine weiße Tunika als Zeichen seiner reinen Absichten, sein Gürtel ist eine Schlange, die ihren Schwanz verschluckt – ein Zeichen für die Ewigkeit. Sein roter Umhang sagt aus, dass er seine Sehnsüchte kennt und sie akzeptiert. Seine linke Hand auf der kreativen Seite hält einen Zauberstab, mit dem er nach oben in den Himmel zeigt. Mit der rechten Hand der handelnden Seite zeigt er zur Erde. Der Magier fungiert als Brücke zwischen zwei Sphären. Vor ihm steht ein Tisch, dessen Rand mit Lemniskaten verziert ist, den mathematischen Symbolen für die Unendlichkeit. Auf dem Tisch sind die vier Symbole der Kleinen Arkana versammelt: Münzen, Kelch, Schwert und Stab, die wieder für die vier Elemente Erde, Wasser, Luft und Feuer stehen.

Deutung

Im Magier sammeln sich viel Energie und Potenzial, das verraten die Embleme auf dem Tisch. In einer Legung bedeutet er, dass Ihnen neue Möglichkeiten offenstehen. Um diese zu nutzen, müssen Sie eine Entscheidung darüber treffen, welchem Pfad Sie folgen werden. Nehmen Sie den materiellen Pfad (Münze), den emotionalen (Kelch), den intellektuellen (Schwert) oder den kreativen (Stab)? Der Magier überlässt Ihnen die Wahl.

Nach dem Narren, der seine Möglichkeiten nicht immer kennt, ist der Magier ein Wegweiser: Er zeigt Richtungen an und bietet Ideen an, aber er übernimmt für Ihre Wahl keine Verantwortung. Ahnungen, Vermutungen oder Hinweise darüber, wohin wir uns wenden sollen, finden wir in dem Magier in uns selbst, aber weil er auch ein Gaukler sein kann, sind wir manchmal unsicher, ob wir den richtigen Pfad nehmen, wenn er ihn uns empfiehlt.

DIE HOHEPRIESTERIN

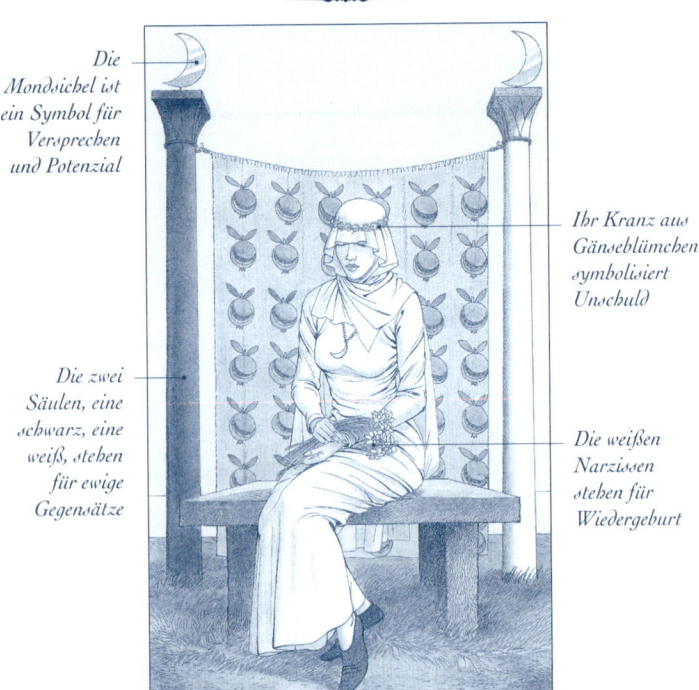

Die Mondsichel ist ein Symbol für Versprechen und Potenzial

Ihr Kranz aus Gänseblümchen symbolisiert Unschuld

Die zwei Säulen, eine schwarz, eine weiß, stehen für ewige Gegensätze

Die weißen Narzissen stehen für Wiedergeburt

THEMA *Geheimnisse werden aufgedeckt, Rätsel gelüftet*

Die Hohepriesterin zeigt eine schöne junge Frau, die zwischen zwei Säulen sitzt, einer weißen und einer schwarzen. Sie ist der Mittelpunkt, der die ewigen Gegensätze zusammenhält: Tag und Nacht, männlich und weiblich, Schöpfung und Zerstörung. Auf jeder Säule ist eine Mondsichel zu sehen, Symbol für die frühe Phase eines Kreislaufs. Die

Hohepriesterin trägt einfache weiße Kleidung, Zeichen ihrer Reinheit. Ihr Kranz ist aus Gänseblümchen gemacht, der Blume der Unschuld. Ein Vorhang mit Granatäpfeln darauf, der samenreichen Frucht der Liebe und Fruchtbarkeit, ist zwischen den Säulen gespannt. Auf ihrem Schoß hält sie weiße Narzissen, die mit Tod und Wiedergeburt assoziiert werden.

Deutung

Die Hohepriesterin ist geheimnisvoll und faszinierend. Sie sitzt vor einem Vorhang, hinter dem man einen Blick auf Wasser erhascht, was sonst noch dort ist, ist nicht zu erkennen. Die Welt der Hohepriesterin ist gefüllt mit Rudimenten von Ideen, die nur als Träume oder Intuition ins Bewusstsein gelangen können. Sie sind schwer zu einem Muster zusammenzusetzen. Das Wasser steht für das Unbewusste, das viele versteckte Schätze enthält. Die Hohepriesterin sitzt zwischen den Pfeilern der Gegensätze – zwischen dem Bewussten und dem Unbewussten. Sie ist wie ein Filter für kreative Ideen und Intuition.

Die Hohepriesterin kann als weibliches Pendant zum Magier angesehen werden. In einem Legesystem steht die Karte dafür, dass es Zeit ist, Geheimnisse zu lüften und bisher unbekannte Aspekte Ihrer selbst und Ihres Lebens zu erforschen. Die Hohepriesterin ist mit dem Neumond verbunden, der wiederum mit der Jungfrau, einem Symbol nicht verwirklichten Potenzials. Wenn Sie die Karte ziehen, kann es sein, dass irgendetwas in Ihrem Unterbewusstsein gärt und wenn Sie auch merken, dass etwas vor sich geht, können Sie es gedanklich nicht fassen, bis es ins Licht der Welt kommt. Der Hohepriesterin muss man sich mit Geduld und Feingefühl nähern, sonst wird sie ihre Geheimnisse nicht freigeben.

DIE KAISERIN

Der Wasserfall in den Fluss hinab steht für die Einheit zwischen männlich und weiblich zur Erschaffung eines Kindes

Das Korn ist Symbol für Fruchtbarkeit und Ergiebigkeit der Erde

Die zwölf Sterne an ihrer Krone stehen für die Tierkreiszeichen

Ihre Kette ist aus zehn Perlen gemacht, eine für jeden Planeten

THEMA *Kreativität, Fruchtbarkeit und Beziehung*

Die Kaiserin zeigt eine schöne Frau in einem goldenen Kornfeld. Das Korn steht für die Fruchtbarkeit und reiche Ernte, über die sie herrscht. Zu ihren Füßen quillt das Füllhorn mit den reichen Gaben der Erde über. Sie hält eine Garbe Gerste auf dem Schoß. Die Kaiserin ist ein Bild der Kreativität, ihre Kleidung ist ausgefüllt und zeugt von ihrer

Schwangerschaft. Sie ist die Königin der Natur, ihr Kleid ist geschmückt mit den roten Rosen der Leidenschaft, gesäumt ist es mit Blättern. Zehn Perlen bilden ihre Kette, eine Perle für jeden Planeten unseres Sonnensystems. Die zwölf Sterne in ihrer Krone stehen für die Tierkreiszeichen und die Monate des Jahres. Hinter ihr donnert ein Wasserfall in einen Fluss und repräsentiert die Vereinigung des Männlichen und des Weiblichen bei der Zeugung eines Kindes.

Deutung

Die Kaiserin repräsentiert die Kreativität in ihrer natürlichen, irdischen Art. Sie ist die Mutter, die Kinder gebärt und nährt und sie liebevoll erzieht. In einer Legung kann sie für eine mögliche Beziehung, Hochzeit oder Familie stehen. Oder sie bezieht sich auf den kreativen Prozess beim Schreiben, Malen oder bei anderen künstlerischen Tätigkeiten. Die Kaiserin präsentiert das offensichtliche und materielle Ergebnis des verborgenen Reifungsprozesses der Hohepriesterin.

Die Kaiserin regiert am Tag über die Welt. Die Narzissenzwiebel gedeiht in der dunklen Welt der Hohepriesterin, bis sie so weit ist, in die helle Welt der Kaiserin vorzustoßen. Die Hohepriesterin ist der Neumond, jungfräulich und voller Versprechen, während die Kaiserin den Vollmond und das ausgeschöpfte Potenzial darstellt. Zusammen sind sie die dunkle und die helle Seite der Weiblichkeit. Wenn Sie die Kaiserin legen, steht sie für eine Zeit der Fülle, Fruchtbarkeit und häuslicher Stabilität. Sie repräsentiert das Gefühl der Sicherheit und Zufriedenheit, das durch körperliches Wohlgefühl erreicht werden kann. Sie symbolisiert die Befriedigung darüber, etwas zur Reife gebracht zu haben.

DER KAISER

Seine goldene Krone symbolisiert seine Autorität in der Welt

Die Kleidung des Kaisers ist rot und purpurn, die Farben von Macht und Würde

Die kargen Hügel stehen für die Sterilität einer Welt, die nur auf Autorität und Disziplin aufgebaut ist

Der Adler auf dem Schild symbolisiert den Geist, der in der materiellen Welt gefangen ist

THEMA *Autorität, Ehrgeiz und materielle Stabilität*

D er Kaiser sitzt auf seinem quadratischen Thron, Zeichen seines Status, der mit Adlern verziert ist. Adler sind königliche Vögel, sie fliegen höher als jeder andere Vogel und sind mit der schärfsten Sehkraft ausgestattet. Neben dem Kaiser steht ein Schild mit einem eingravierten Adler, er steht für den menschlichen Geist in der materiellen Welt. Der

Thron des Kaisers ist nach rechts ausgerichtet, der Seite des Handelns. Er hält einen Reichsapfel in seiner linken Hand, der Seite der Kreativität, als Symbol, dass er die Gesetze der materiellen Welt versteht. Das Zepter in seiner rechten Hand steht für seine maskuline Kraft. Seine Kleidung ist rot und purpurn, den Farben von Macht und Würde, seine schwere goldene Krone ist ein Symbol seiner weltlichen Autorität. Die kahlen Hügel hinter ihm stehen für die Sterilität einer männlichen Welt, die vollkommen auf Autorität und Disziplin fußt.

Deutung

So, wie die Kaiserin für die Mutter steht, repräsentiert der Kaiser den Vater. Die Kaiserin symbolisiert die Macht des Körpers und der Natur, der Kaiser die Macht des Geistes und der Gesellschaft. Zusammen ergeben sie ein ausgewogenes Ganzes. Der Kaiser im Tarot spiegelt die traditionelle autoritäre Stellung und strukturierte Rolle wider. Mit Verstand und Logik löst er Probleme und geht Aufgaben an.

Der Kaiser zeigt eine Figur mit Macht und Einfluss: Er trägt die purpurne Kleidung der Würde und die Krone der Autorität. Seine Aufgabe ist es, die Welt für sich und andere zu lenken. Wenn der Kaiser gelegt wird, heißt das, dass es Zeit für Sie ist, die materielle Kontrolle über Ihre Welt zu übernehmen. Das könnte durch einen Jobwechsel erfolgen oder durch Erwerb von Grundbesitz. Der Kaiser steht für die nötige Energie, um entscheidende Veränderungen voranzubringen oder Ideen im wirklichen Leben umzusetzen. Er repräsentiert Disziplin und Orientierung und ist hilfreich, wenn Sie etwas beruflich oder privat bewegen müssen, weil seine Energie bewegt und dazu führt, dass Dinge geschehen.

DER HIEROPHANT

Die dreistöckige Krone symbolisiert Körper, Geist und Seele

Seine erhobene Hand steht für den Ausdruck „wie oben, so unten"

Die überkreuzten Schlüssel aus Gold und Silber repräsentieren ein harmonisches Miteinander von männlich und weiblich

THEMA *Suche nach spiritueller Bedeutung*

Der Hierophant oder Hohepriester ist der männliche Gegenpart zur Hohepriesterin und repräsentiert die spirituelle Seite des Maskulinen. Er sitzt zwischen zwei Säulen, weil auch er eine ausgleichende Kraft zwischen den Gegensätzen männlich und weiblich, Tag und Nacht darstellt. Seine Kleidung ist einfach und weiß und symbolisiert die

Reinheit des Geistes. Seine Krone ist dreistöckig als Zeichen für die drei Daseinszustände – die Sphären von Körper, Geist und Seele – und dem Wissen um die körperlichen, emotionalen und mentalen Sphären. Um seinen Hals trägt der Hohepriester eine Kette mit zwei Schlüsseln, die sich überkreuzen. Ein Schlüssel ist golden für den männlichen Geist, der andere ist silbern für den weiblichen Geist, zusammen bilden sie ein ausgeglichenes Ganzes. Er hält seine linke Hand hoch, Zeige- und Mittelfinger weisen nach oben, Ring- und kleiner Finger liegen auf der Handfläche, wo sie vom Daumen in Position gehalten werden. Die Haltung symbolisiert „wie oben, so unten" und bedeutet, das, was auf der Erde ist, reflektiert, was im Himmel ist.

Deutung

Der wahre Ursprung der Karte ist nicht ganz klar, ihre Bedeutung aber schon. Es handelt sich um jemanden mit spirituellem Wissen oder mindestens mit dem Wunsch danach und ist auf keinen bestimmten Glauben und keine Lehre begrenzt. Im Grunde repräsentiert der Hohepriester den Drang des Menschen, seine höhere Natur zu verstehen.

Wenn Sie den Hohepriester legen, steht er für den Wunsch, eine Bedeutung im Leben zu finden, die tiefer die Psyche berührt als die Sehnsucht nach materiellem Erfolg oder sozialem Status. Vielleicht möchten Sie gerne Ihre spirituelle Seite erkunden und lesen viele Bücher zu dem Thema. Oder ein Lehrer, Mentor, Priester oder sogar Psychotherapeut tritt in Ihr Leben und hilft Ihnen dabei, das spirituelle Reich zu erforschen. Welchen Weg Sie auch einschlagen, die Karte kündigt eine Zeit an, in der Sie nicht mehr mit den weltlichen Aspekten Ihres Lebens zufrieden sind und danach streben, innere Bedeutung und einen tieferen Lebenszweck zu finden.

DIE LIEBENDEN

Amor schießt
seine Liebes-
und Hasspfeile
in die Herzen
Sterblicher

Sein gelbes Hemd
steht für mentale
Energie und seine
blaue Tunika
symbolisiert
Kommunikation

Das weiße
Kleid hat die
Farbe der
Unschuld

Das
dunkelrosa
Kleid hat die
Farbe des
Verlangens

Die Rose ist
die Blume der
Liebe

THEMA *Liebe und Wahl*

Die Liebenden zeigt einen jungen Mann zwischen zwei
Frauen. Er sieht verwirrt aus, als ob er sich nicht entscheiden könnte. Er trägt ein gelbes Hemd, in der Farbe der
mentalen Energie und eine blaue Tunika in der Farbe der
Kommunikation. Eine Frau ist jung und blond, ihre Kleidung
ist weiß, Symbol für Unschuld. Die andere Frau ist dunkel-

haarig und ein wenig älter. Sie trägt ein dunkelrosa Kleid in der Farbe des Verlangens. In einer Wolke über ihnen kniet Amor und richtet seinen goldenen Bogen auf den jungen Mann. Wird dessen Herz von einem goldenen Pfeil getroffen, entbrennt er sogleich in Liebe zu der ersten Person, die er sieht. Sie stehen vor einem Garten voller Rosen, den Blumen der Liebe. Der junge Mann muss sich für eine der Frauen entscheiden und auf die Chance auf eine Beziehung mit der anderen verzichten.

Deutung

Die Karte der Liebenden hat viele Facetten, die bei der Deutung alle beachtet werden müssen. Der Titel allein besagt bereits, dass es um Herzensangelegenheiten geht, aber darauf ist sie nicht beschränkt. Die grundlegende Bedeutung der Karte ist die Notwendigkeit, eine Wahl zu treffen, sich für eine Person, eine Idee, einen Lebensstil ganz zu entscheiden und damit gegen etwas anderes. Die offenkundige Interpretation ist die Wahl zwischen zwei Menschen und so werden die Liebenden in den meisten traditionellen Decks auch dargestellt: Ein junger Mann muss sich zwischen zwei sehr unterschiedlichen Frauen entscheiden, eine älter und weiser, die andere jünger und schöner. Die Karte kann auf eine Wahl zwischen Mutter und Geliebter hinweisen oder sogar zwischen „heiliger und weltlicher Liebe".

Ziehen Sie die Karte, kann sich die notwendige Wahl auf alle Bereiche Ihres Lebens beziehen und die Liebenden ist die Mahnung, alle Auswirkungen sorgfältig abzuwägen, bevor die endgültige Entscheidung fällt. Es ist wichtig, daran zu denken, dass etwas, das oberflächlich sehr vorteilhaft wirkt, ebenso ungünstige Aspekte haben kann.

DER WAGEN

Mars, der
Kriegsplanet,
ist der
Mitregent des
Skorpions

Das schwarze
Pferd zieht in
eine andere
Richtung als
das weiße, ein
Zeichen von
Spannungen
zwischen den
Gegensätzen

Rot ist die
Farbe des
Verlangens
und der
Aggression

THEMA *Kampf und Spannung*

Das Bild der Wagen-Karte ist das eines Kriegers in einem Streitwagen, der von zwei Pferden gezogen wird, Symbole für Energie und Aktivität. Ein Pferd ist schwarz, das andere weiß – Gegensätze wie Herz und Verstand, dunkel und hell. Der Wagenlenker muss sie zusammenhalten. Allerdings zieht jedes Pferd in eine andere Richtung und der Fahrer hat große Schwierigkeiten, sie unter Kontrolle zu bringen. Er ist ein Symbol für das Ego, das von den widerstreitenden Gefühlen einer Person belagert wird. Der Wagenlenker ist für die Schlacht gekleidet, sein Mantel ist rot, die Farbe der Sehnsucht. Im Hintergrund liegt ein leeres, staubiges Schlachtfeld, die Wolken darüber sind dunkel, der Himmel sieht bedrohlich aus.

Deutung

Der Wagen ist eine Karte, die eine Persönlichkeit im Kampf mit sich selbst beschreibt und die am Ende triumphiert. Das Ringen ist notwendig, um auf eine höhere Stufe zu gelangen. Dort angekommen, wartet vermutlich schon der nächste Kampf und der nächste Kreislauf beginnt. Wir wachsen und verändern uns durch Anstrengungen. Die verschiedenfarbigen Pferde stehen für die unterschiedlichen Probleme, die wir in uns tragen und denen wir uns stellen müssen, wenn wir unsere gegensätzlichen Gefühle und Gedanken in Balance halten wollen. Der Wagenführer ist damit konfrontiert, alle möglichen Gedanken und Gefühle so zu lenken, dass es eine gemeinsame Richtung gibt.

Wenn Sie die Karte ziehen, kann es sein, dass Sie etwas fühlen, Ihre Logik Sie aber zu genau dem Gegenteil führt. Wie gehen Sie mit diesem Widerspruch um, wie entscheiden Sie, ob Sie Gefühl oder Verstand folgen? Finden Sie einen Kompromiss wie der Wagenlenker, der versucht, beide Pferde dazu zu bringen, soweit nachzugeben, dass sie auf dem Mittelweg zusammenkommen? Der Wagen signalisiert, dass die Zeit reif ist für widersprüchliche – und möglicherweise sogar aggressive – innere Kräfte, die verstanden und verarbeitet werden müssen, damit eine Weiterentwicklung stattfinden kann.

DIE GERECHTIGKEIT

Der Vorhang ist purpurfarben, die Farbe der Weisheit

Das Schwert der Wahrheit wird aufrecht in der aktiven Hand gehalten

Ihr Kleid ist grün, die Farbe der Liebe und der Heilung, ihr Umhang ist rot, was für Leidenschaft und Ziel-setzung steht

Ihr Kopfschmuck ist gelb für mentale Kommunikation

Ihre Waage repräsentiert das Ideal der perfekten Balance

THEMA *Durch Logik zu einem ausgeglichenen Geist*

Gerechtigkeit zeigt eine Figur zwischen zwei Säulen, die für Gerechtigkeit und Gnade stehen. Hinter ihr hängt ein purpurner Vorhang in der Farbe der Weisheit. In der Hand hat sie ein Schwert, Sinnbild für die Wahrheit, das sie aufrecht hält als Zeichen dafür, dass Wissen sich den Weg durch Illusionen bahnt, um die wahre Bedeutung freizulegen. Sie hat das Schwert in der rechten Hand, der aktiven Seite, während ihre linke, die kreative Seite, eine Waage festhält, die für das Ideal der perfekten Balance steht. Sie trägt einen roten Umhang, der Leidenschaft und Entschlossenheit symbolisiert, über einem grünen Kleid, der Farbe für Heilung und Liebe. Zusammen repräsentieren sie den Ausgleich. Neben der Figur der Gerechtigkeit hockt eine Eule, die bekannt ist für ihre Klarsicht und Fähigkeit, im Dunkeln zu sehen.

Deutung

Gerechtigkeit ist die erste Karte in den Großen Arkana, die für eine der vier Kardinaltugenden steht. Die anderen sind Klugheit (Eremit), Mäßigung und Tapferkeit. Gerechtigkeit mit dem Schwert der Wahrheit und der Waage des Ausgleichs fordert uns auf, unseren Gedanken Beachtung zu schenken und zu erkennen, dass es Zeit für logisches Denken ist. Gerechtigkeit sucht Perfektion und Balance, symbolisiert durch Schwert und Waage, die für das Maskuline und das Feminine stehen. Gerechtigkeit steht für unsere einzigartige Kapazität zur Differenzierung und Analyse mithilfe der Macht des Verstands.

In einem Legesystem steht die Gerechtigkeit dafür, dass die Zeit reif ist eine Situation durch Logik und Nachdenken zu bewerten und nicht emotional oder intuitiv, damit eine vernünftige Lösung für Probleme gefunden wird. Die Karte kann sich wortgetreu auf eine Gerichtsverhandlung oder eine rechtliche Angelegenheit beziehen, aber auch auf eine Entscheidung für Ihr Leben, die objektiv und unemotional getroffen werden muss. Gerechtigkeit ist eine Tugend und Tugenden sind Ideale, ihre Ziele können nie ganz erreicht werden. Ziele der Gerechtigkeit sind Fairness und Ausgewogenheit, was in einer unfairen Welt einen unmöglichen Traum darstellt. Dennoch ist das Streben danach unbedingt notwendig, denn nur so können wir unsere Gesellschaft verbessern.

DIE MÄßIGUNG

Der Regenbogen ist ein Versprechen

Das Dreieck repräsentiert Körper, Seele und Geist

Der Engel schüttet das Wasser der Gefühle aus einem goldenen Kelch, der für das Bewusstsein steht, in einen silbernen, der das Unbewusste symbolisiert

Das Wasserbassin steht für die innere Welt der Gefühle

THEMA *Kooperation und Teilen*

Die Mäßigung zeigt eine Figur mit Regenbogenflügeln, sie füllt Flüssigkeit aus einem goldenen Kelch in einen silbernen. Silber repräsentiert sowohl das Weibliche als auch das Unbewusste und ist das Metall des Mondes sowie des Kelchs in der linken Hand, der Seite der Kreativität. Der goldene Kelch steht für das Maskuline und Bewusste. Gold ist das Metall der

Sonne. Die Figur hält es in der rechten Hand, der Seite der Tat. Der Fluss zwischen den Kelchen steht für den notwendigen Fluss zwischen dem Bewussten und dem Unbewussten.

Vorne auf der Kleidung des Engels zeigt die Spitze eines goldenen Dreiecks, das in einem Quadrat steht, nach oben und symbolisiert, dass der Geist den physischen Körper hinter sich lassen kann. Ein silberner Stern an einem goldenen Reifen liegt an seiner Stirn, ein weiterer Hinweis auf den Ausgleich zwischen dem Weiblichen und dem Männlichen. Der Engel steht mit einem Fuß auf dem Trockenen, mit dem anderen im Wasser – ein Zeichen für die Verbindung der inneren Welt, dargestellt durch das Wasser, mit der äußeren, repräsentiert durch das Land. Im Hintergrund sind zwei gleiche Bergspitzen zu sehen, der Pfad in ihrer Mitte steht für Ausgewogenheit. Die aufgehende Sonne ist ein Zeichen für neue Hoffnung für die Zukunft, der Regenbogen steht für ein Versprechen und somit auch für Hoffnung.

Deutung

Wie die Gerechtigkeit auch, steht Mäßigung für den Ausgleich. Gerechtigkeit repräsentiert die Balance durch den Geist, Mäßigung bezieht sich auf Gefühle. Das Wasser, das von einem Kelch in den anderen fließt, steht für die ständige Notwendigkeit, Gefühle auszutarieren. Mäßigung (eine der vier Tugenden) besagt, dass Maßhalten der Schlüssel zur Zufriedenheit ist. Wenn Sie die Mäßigung legen, ist sie ein Zeichen für erfolgreiche Beziehungen aufgrund des ausgewogenen Austausches mit anderen. Die Zeit ist gut, sich auf Gefühle und Beziehungen zu konzentrieren. Gefühle müssen immer geteilt werden, sonst blockieren sie. Das fließende Wasser reflektiert die Rolle des Engels als Vermittler zwischen dem Bewussten und dem Unbewussten, aber auch die Gefühle zwischen zwei Personen.

DIE KRAFT

Die Sonne spiegelt maskuline Energie wider

Rote Rosen und weiße Lilien kombinieren harmonisch das Männliche und das Weibliche.

Der Löwe ist ein starkes Tier der Sonne, Symbol für männliche Stärke und Aggression

Ihre weiße Kleidung symbolisiert den Mond und feminine Energie

THEMA *Innerer Mut und Stärke*

Die Karte der Kraft stellt eine schöne Frau dar, die die weiße Kleidung der Unschuld trägt. Im Haar trägt sie rote Rosen und weiße Lilien, sie stehen für Verlangen und Leidenschaft, kombiniert mit spiritueller Reinheit. Die Frau unterwirft den Löwen, indem sie sein Maul aufhält, um ihn zu beruhigen und seine Bedrohlichkeit zu mindern. Die Frau in

Weiß steht für das feminine oder Mondprinzip, der gelbe Löwe repräsentiert das maskuline oder Sonnenprinzip. Wir müssen ständig danach streben, die Balance zwischen den beiden zu halten. Das Bild der sehr feminin wirkenden Frau, die mit dem sehr maskulinen Löwen kämpft, ist eigentümlich, aber es illustriert die große innere Stärke der Frau, die der äußeren Stärke des Löwen entspricht.

Deutung

Taucht die Kraft in einer Legung auf, könnte man meinen, dass Kraft in einer bestimmten Situation entweder benötigt wird oder zur Verfügung steht. Das stimmt auch, aber es gilt zu bedenken, dass diese Kraft nicht unbedingt körperlich sein muss. Die Karte zeigt zwar eine Frau, die mit einem Löwen kämpft, die Kraft steht aber nicht nur für den Kampf im eigentlichen Sinn, auch ein innerer Konflikt kann gemeint sein. Die Frau versucht nicht, den Löwen zu töten. Sie möchte ihn davon abhalten, jemanden zu verletzen. Sie hält sein Maul offen, um ihn am Beißen oder Kämpfen zu hindern. Sie will ihm seine Energie nicht nehmen, sie möchte nur nicht, dass jemand durch ihn zu Schaden kommt.

Bezogen auf Persönlichkeit steht der Löwe für den selbstsüchtigen Drang „ich will", der in uns allen steckt und den wir brauchen, um zu überleben. Diesen Drang müssen wir aber in Schach halten, damit wir in Frieden mit anderen Menschen leben können.

Wird die Karte gezogen, beschreibt Kraft den Prozess, den wir durchlaufen, wenn wir unsere Triebe kontrollieren, ohne sie zu unterdrücken. Die Frau symbolisiert Mut und Selbstdisziplin, Tugenden, die wir uns zulegen sollten, denn sie statten uns auf konstruktive und nicht auf destruktive Art mit großer Energie aus, die vom Löwen dargestellt wird.

DER EREMIT

Anders als der Narr hält der Eremit seinen Blick auf den Weg vor ihm

Die Laterne repräsentiert das innere Licht

Er stützt sich bei seiner schwierigen Reise auf seinen Stock

Die Schlange symbolisiert Transformation

THEMA *Geduld und Klugheit*

Der Eremit zeigt einen alten Mann mit einem langen weißen Bart, der Alter und Weisheit symbolisiert. Er durchquert auf einem Steinweg eine kahle Landschaft, über ihm hängt ein dunkler Himmel. Das einzige Licht kommt von seiner Laterne, die für sein inneres Licht steht. Seine einfache Kleidung ist für die Reise gemacht, er stützt sich beim Gehen auf einen

Stock. Er sieht nach unten, als ob er seinen Weg fest im Blick
behalten möchte. Der Eremit kann als der Narr angesehen
werden, der seine Reise zur Hälfte hinter sich gebracht hat.
Der Narr ist munter gestartet und verwendet seinen Stab, um
sein Bündel zu tragen, den Blick nach oben gerichtet und nicht
auf dem Weg. Er ist das Abbild sorgloser, vertrauensvoller
Jugend. Der Eremit ist älter und weiser. Der Stock stützt ihn
und er ist sich der Schwierigkeiten, die möglicherweise vor
ihm liegen, bewusst. Die Schlange zu seinen Füßen symbolisiert Transformation – sie streift die Haut der Jugend ab und
bekommt fürs Alter eine neue.

Deutung

Der Eremit ist die Karte der Geduld und Reife. Die Laterne steht
dafür, dass seine spirituelle Erleuchtung ihm immer den richtigen
Pfad zeigen wird, wie düster es im Leben auch zugehen mag. Der
Eremit ist mit der Tugend der Klugheit verbunden, was darauf
schließen lässt, dass er aus eigener Erfahrung gelernt hat, vorsichtig und wachsam zu sein.

Wenn der Eremit gezogen wird, deutet das auf eine Zeit hin,
in der Sie sich von der Welt zurückziehen und sich Ihrem Inneren
zuwenden sollten. Meditieren Sie, suchen Sie nach innerem Verständnis. Die Karte steht nicht für das Fehlen von Beziehungen,
sondern dafür, Zeit allein zu verbringen und das innere Leben zu
beleuchten. Sie symbolisiert eine veränderte Wahrnehmung, wie
beim Übergang von der Jugend zum mittleren Alter. Der Eremit
akzeptiert und versteht, dass das Leben nicht stillsteht und Jugend vergeht. Ist das verinnerlicht, führt die Erkenntnis zu Frieden und innerer Ruhe. Der Eremit steht für Weisheit und Geduld
und eine neue Wertschätzung des Lebens, das für uns erst dann
richtig wertvoll wird, wenn wir erkennen, wie flüchtig es ist.

DAS RAD DES SCHICKSALS

Der Mann sagt „ich herrsche"

Das Schicksal ist unvorhersehbar, es ist blind

Der aufsteigende Mann sagt „ich werde herrschen"

Der Mann, der fällt, sagt „ich habe geherrscht"

Der Mann am Boden sagt „ich herrsche über nichts"

THEMA *Das Schicksal ändert sich*

D as Rad des Schicksals zeigt Fortuna, die Göttin des Schicksals. Sie dreht das Rad, lässt unser Schicksal kreisen, mal hoch, mal runter. Zwar trägt sie Purpur, die Farbe der Weisheit, doch sind ihr gleichzeitig die Augen verbunden als Zeichen dafür, dass das Schicksal willkürlich ist. Sie steht im Rad, ihre Arme sind ausgebreitet. Ein Mann hält sich fest und wartet darauf, dass das Rad ihn nach oben befördert. Ihm gegenüber wird ein anderer nach unten gedreht. Oben sitzt ein gekrönter Mann, er wirkt stolz und sicher. Unten kriecht beschämt ein Unglücklicher, der vom Rad gefallen ist. Jeder Mann hat ein Motto. Der hochfahrende Mann sagt „ich werde herrschen", der Mann oben sagt „ich herrsche", der abwärts fahrende Mann sagt „ich habe geherrscht" und der Mann unter dem Rad „ich herrsche über nichts". Das Bild illustriert die vier Lebensphasen, durch die wir alle gehen: Zeiten günstigen Schicksals und Chancen und Zeiten des Kampfes und der Not.

Deutung

Das Rad des Schicksals erinnert uns daran, dass wir Kontrolle und keine Kontrolle über unser Leben haben. Kontrolle können wir durch unsere Wahl ausüben, welchem Pfad wir folgen wollen und wie wir handeln. Wir wandern auf einem schmalen Grat zwischen Schicksal und freiem Willen. Möglicherweise ist das, was zufällig und schicksalhaft wirkt, Teil eines größeren Plans, so dass etwas, das wir anfangs als Desaster betrachten, sich am Ende als Segen herausstellt.

Taucht das Rad des Schicksals auf, wird es neue Umstände geben. Es kündigt eine neue Lebensphase an, entweder geht es hoch oder runter. Der Weise akzeptiert die Fahrt nach unten mit Würde, weil er weiß, dass sich das Rad weiterdreht und er, wenn die Zeit dafür gekommen ist, wieder nach oben kommt. Der wahrlich Weise weiß, dass es keine Glückssträhne gibt, die unendlich lang ist und genauso wenig eine ewige Pechsträhne. Das Rad des Schicksals gibt keinen Hinweis darauf, was kommt. Manchmal kann man es von den umliegenden Karten ableiten oder von dem, wie Sie in dem Moment über Ihr Leben denken, in dem Sie die Karte ziehen.

DER GEHÄNGTE

Zwölf Äste
stehen für
die zwölf
Sternzeichen

Sein Bein
bildet ein
innenliegendes
Dreieck,
Hinweis auf
den Abstieg des
Höheren zum
Tieferen

Das Wasser
steht für das
Unbewusste

Sein roter
Strumpf
steht für
Leidenschaft,
der weiße für
Reinheit

Sein Hemd
ist grün, die
Farbe für
Liebe und
Heilung

THEMA *Opfer*

Der Gehängte hängt zwischen zwei Bäumen. Jeder Baum hat sechs beschnittene Äste, sie stehen für die zwölf Sternzeichen. Sein rechter Fuß (aktive Seite) ist gebunden, das heißt, dass der Mann nicht in der Lage ist, zu handeln. Er trägt einen roten und einen weißen Strumpf, sie stehen für Leidenschaft und Reinheit. Sein grünes Hemd symbolisiert

Liebe und Heilung, seine rote Tunika steht für Verlangen. Seine Arme liegen auf dem Rücken als Zeichen seiner Zustimmung, nicht aktiv zu sein. Sein linkes Bein ist gebeugt, so entsteht ein Dreieck. Es steht dafür, dass das Höhere in das Tiefere übergeht, das Bewusste in das Unbewusste. Das ruhige Wasser unter ihm repräsentiert die unbewusste Welt, über der er hängt. Sein Gesicht ist ernst und friedlich, seine Augen offen und unerschrocken, ein Lichtkreis umgibt seinen Kopf und steht für das Licht, das in der Dunkelheit leuchtet.

Deutung

Der Gehängte gibt ein seltsames Bild ab, die Position der zentralen Figur sieht ziemlich ungemütlich aus. Allerdings handelt es sich nicht um eine Karte der Gewalt: Dass er aufgehängt ist, ist Symbol für eine veränderte Sicht auf das Leben. Bei näherer Betrachtung wirkt die Figur ruhig und zufrieden. Der Gehängte repräsentiert die Notwendigkeit, das Leben neu zu betrachten und weist auf ein freiwilliges Opfer hin.

Wenn Sie den Gehängten legen, sollten Sie Ihre Vorstellungen bezüglich Ihrer augenblicklichen Erfahrung einer Prüfung unterziehen. Dafür kann es nötig sein, einige Dinge loszulassen, um Platz zu machen für andere. Ein Opfer zu bringen bedeutet, etwas aufzugeben in der Hoffnung und in dem Vertrauen darauf, dass etwas Wertvolleres an seine Stelle tritt. Das Opfern geschieht freiwillig und bewusst: Niemand kann Sie dazu drängen, etwas zu opfern. Für Ihre Entscheidung müssen Sie selbst die Verantwortung übernehmen. Der Gehängte steht dafür, dass es nun Zeit ist, in das Unbewusste hinabzusteigen, um zu erforschen, was wirklich wichtig ist, damit Sie Ihr Leben dementsprechend verändern können.

DER TOD

Sein Kopfschmuck besteht aus dem Leichentuch, das einst das Wickeltuch nach der Geburt war

Schönheit, Jugend, Würde und Ganzheit bedeuten dem Tod nichts, der alles zur rechten Zeit anfordert

Der Rabe galt als Todesbote

THEMA *Transformation und Veränderung*

E in Skelett auf einem schwarzen Pferd (der Farbe des Todes) ist zu sehen. Es trägt eine Sense, normalerweise ein Gerät zum Einbringen der Ernte, und eine Sanduhr als Symbol dafür, dass alles auf der Erde seine Zeit hat, sowohl im Leben als auch im Tod. Um seinen Schädel geschlungen ist ein Leichentuch, das einst nach der Geburt als Wickeltuch für ein

Baby benutzt wurde. Auf dem Weg, den der Tod nimmt, liegt ein König mit dem Gesicht auf dem Boden, neben ihm bitten ein Bischof, eine schöne Frau und ein Kind den Tod um Gnade. Die Figuren symbolisieren, dass der Tod zu allen kommt.

Die Karte zeigt einen Raben, einst für den Todesboten gehalten, und einige Mohnblumen, die Blumen des Todes. Im Hintergrund schlängelt sich ein Fluss, Symbol des ewigen Prozesses der Transformation: Das Flusswasser verdunstet, steigt hoch, wird zu Wolken und kehrt dann als Regen in den Fluss zurück. Das kleine Boot ist ein Sinnbild der Wiege und des Sargs, für Leben und Tod, die untrennbar sind. Die Sonne geht auf als Zeichen für die Geburt eines neuen Tages nach dem Tod der Nacht.

Deutung

Viele Menschen fürchten die Todeskarte aus naheliegenden Gründen. Wird der Tod gezogen, heißt das aber nur, dass etwas enden muss, nicht dass jemand sterben muss. Es gibt viele Möglichkeiten für das, was der Tod signalisiert. Zum Beispiel kann es das Ende der Kindheit bedeuten oder des Singlelebens kurz vor der Hochzeit, das Ende eines Jobs oder einer Ehe.

Im Ende liegt aber auch ein Anfang, repräsentiert durch den Sonnenaufgang über dem Fluss, Symbol des ewigen Vorgangs von Erneuerung und Transformation. Das Skelett ist ein Symbol für die Kontinuität des Lebens: Das Fleisch mag sich verändern, die Knochen jedoch bleiben im Wesentlichen, wie sie sind. Dem Tod begegnen wir im Jahreskreis, wenn im Herbst die Blätter fallen und sterben, um Platz zu machen für die neuen Knospen im Frühjahr.

Wenn die Karte gelegt wird, stirbt etwas, um den Weg für etwas Neues freizumachen. Der Prozess kann traurig und notwendig sein und unwillkommen und willkommen. Er ist das Symbol für Veränderung und Transformation.

DER TEUFEL

Der Teufel
entflammt die
Grundbegierden
der Menschen

Der Mann
und die Frau
wurden zu
Kreaturen des
Teufels und
tragen nun
Hörner und
Schwänze

Der Teufel hält
die Menschen
durch ihre
Faulheit
und Apathie
gefangen

Die Ketten um
ihre Hälse sind
locker, ihre
Hände sind
ungebunden, sie
könnten sich
befreien

THEMA *Kraft und Energie sind eingesperrt*

Das Bild der Teufelskarte zeigt einen seltsam aussehenden Mann mit dem Unterkörper einer Ziege. Er trägt Hörner und hat ledrige Flügel. Er sitzt auf einem Steinblock, der für die materielle Welt steht und an dem zwei Ketten befestigt sind, die einen nackten Mann und eine nackte Frau festhalten. Ihre Hörner und Schwänze sind Zeichen, dass sie sich wie der Teufel verhalten. Der Teufel hält seine Fackel an den Schwanz des Mannes und könnte ihn entzünden. Um die Hälse von Frau und Mann liegen Ketten und Halseisen, aber ihre Hände sind frei. Sie sind also freiwillig durch ihre Ignoranz, Apathie oder aufgrund ihres fehlenden Bewusstseins an den Teufel gekettet. Der schwarze Hintergrund macht es schwer, die Wahrheit zu erkennen. Das Paar sitzt zusammengesackt zu Füßen des Teufels und scheint sein eingeschränktes Leben nicht ändern zu wollen.

Deutung

Der Teufel wirkt beängstigend, ist aber tatsächlich eine Karte der Erleichterung. Der Teufel hat sich eingeschlichen mit, unter anderem, den üblen Seiten der Sexualität, was dazu führt, sexuelle Begierden unterdrücken zu wollen. Unterdrückung bedeutet, etwas in das Unterbewusstsein zu schieben und das kann gefährlich sein. Denn solange uns etwas bewusst ist, haben wir die Möglichkeit, damit umzugehen.

Der Teufel bezieht sich auf alles, was in Ihrer Psyche dunkel ist. Deswegen gefällt uns der Gedanke, dass der Teufel ganz tief in der Erde wohnt, wo er sicher und weit weg von uns ist, damit wir nichts mit ihm zu tun haben müssen. So eine Einstellung lässt uns jedoch in Angst vor dem Teufel leben und wir bleiben an seinen Block der Unterdrückung gekettet, weil wir die Wahrheit über uns nicht sehen wollen.

Wenn Sie den Teufel ziehen, ist das die Gelegenheit, uns von den Fesseln alter Ängste zu befreien und positive Energie freizusetzen. Er lässt uns untersuchen, was in uns los ist, animiert zu einem genaueren Blick unter die Oberfläche. Der Teufel steht dafür, dass psychische Blockaden und Unterdrückung, die die gesunde Entwicklung beschränken, beseitigt werden können, um auf der inneren Ebene große Fortschritte machen zu können.

DER TURM

Die Flammen stehen für das göttliche Feuer der Inspiration, das falsche Werte auflöst

Der fallende Mann und die fallende Frau repräsentieren nicht versöhnte Gegensätze

Die schmalen Fenster symbolisieren die Begrenztheit eines rein materiellen Lebens

THEMA *Das Alte niederreißen, um Platz für das Neue zu machen*

Der Turm zeigt ein hohes Gebäude in einem tosenden Meer. Wellen schlagen an den Fuß des Turms, Sturmwolken ziehen sich im dunklen Himmel zusammen, flackernde Blitze schlagen oben ein. Die Flammen auf dem Dach stehen für das göttliche Feuer, das falsche oder unzutreffende Wertvorstellungen zerstört.

Der Turm ist die einzige Karte, die ein von Menschenhand geschaffenes Objekt als zentrales Thema hat und zeigt die äußere Begrenzung inneren Wachstums. Das Gebäude ist groß, einengend und es behindert Wachstum und Expansion. Die Blitze, die es zerstören, sind die göttliche Erleuchtung, die verhindert, dass das Selbst erstickt. Große Tropfen fallen vom Himmel, sie repräsentieren die lebensrettende Nahrung durch Inspiration und Erleuchtung. Drei schmale Fenster oben am Turm stehen für die Enge der materiellen und rationalen Welt sowie für die Möglichkeit der Verwirklichung. Zwei Figuren fallen vom Turm, sie symbolisieren unversöhnte Gegensätze und Getrenntsein: Der Fall der Menschen, deren mangelnde Kommunikation und fehlendes Verständnis füreinander sie trennt.

Deutung

Der Turm steht für eine unvermeidliche Zerstörung und dafür, dass wir unsere Werte ständig neu definieren müssen. Zur Veränderung gehört Mut, den wir brauchen, wenn unsere Werte überholt sind. Das göttliche Licht, das für Wissen und Erleuchtung steht, kann in Form einer Veränderung oder Störung von außen zu uns kommen oder aus uns selbst, wenn wir merken, dass wir nicht wie bisher mit unserem Lebensstil weitermachen können. Je mehr Sie im Einklang mit Ihrer inneren Welt sind, umso geringer sind die Auswirkungen des Turms auf Sie. Dann kann er sogar eine willkommene Erleichterung sein, wenn er Illusionen und Werte zerschlägt, die Ihnen nicht länger etwas bedeuten.

Der Turm ermutigt uns zu einer ehrlichen Begegnung mit unserer inneren Welt und zur Prüfung dessen, was wir gelernt haben, zum Überdenken der Regeln, nach denen wir leben und ob sie noch Gültigkeit für uns haben. Der Turm ist die Inspiration, herauszufinden, was sich ändern muss und um mit Altem aufzuräumen, damit Neues Platz hat.

DER STERN

Acht Sterne repräsentieren die Zahl Acht der Wiedergeburt

Der Ibis ist der Vogel der Unsterblichkeit

Der immergrüne Baum steht für das ewige Leben

Die Figur ist unbekleidet als Zeichen für die nackte Wahrheit

Das Wasser fließt in fünf Strömen auseinander, die für die fünf Sinne stehen

Der Teich steht für Erinnerungen

THEMA *Hoffnung und Inspiration*

Die Karte zeigt eine schöne Frau, die neben einer Wasserlache kniet. Sie ist nackt als Hinweis auf unverhüllte Wahrheiten, ihre Jugend symbolisiert Erneuerung. Ein Fuß steht im Wasser, er repräsentiert die Zukunft, der andere liegt auf dem trockenen Land, Sinnbild für die Vergangenheit. Das Wasser steht für das Sammelbecken an Erinnerungen, aus dem wir trinken, wenn wir an wichtige Ereignisse denken wollen.

Das Sternenmädchen gießt Wasser aus zwei Krügen: mit einer Hand in den Teich, um ihn aufzufüllen, mit der anderen Hand auf das Land, um es zu beleben. Das Wasser auf dem Land teilt sich in fünf Ströme, die für unsere Sinne stehen. Im Hintergrund steht ein immergrüner Baum als Sinnbild für das ewige Leben, auf ihm sitzt ein Ibis, der Vogel der Unsterblichkeit. Er steht dafür, dass die Seele über das alltägliche emotionale und spirituelle Verständnis hinauswachsen kann. Die Sonne geht auf und kündigt die Geburt eines neuen Tages an, ein riesiger Stern erscheint am Himmel, umgeben von sieben kleineren Sternen, die die sieben alten Planeten repräsentieren. Alle Sterne haben acht Spitzen, Acht ist die Zahl der Wiedergeburt und Auferstehung. Weiße Rosen und Gänseblümchen wachsen an dem Ort, sie verkörpern Reinheit und Unschuld. Ein Schmetterling, Symbol der Wiederauferstehung, fliegt hinter dem Mädchen.

Deutung

Der Stern gilt seit jeher als Symbol der Hoffnung: Seeleute navigieren nach seinem Licht, Astrologen suchen seinen himmlischen Beistand. Die Karte steht für das Licht im Dunkeln, das uns Mut verleiht, uns unsere positive Einstellung erhält, auch in schweren Zeiten. Verlässt uns die Hoffnung, werden wir verzagt und neigen dazu, den Kampf aufzugeben. Der Stern repräsentiert Optimismus und Ermunterung sowie unsere Träume und Ziele, nach denen wir streben. In einem Legesystem steht der Stern für Verjüngung, Inspiration und neue Energie, die unser Leben lebenswert machen und uns Ziele gibt, die es wert sind. Ohne diese Art der Inspiration und Hoffnung wäre das Leben bedeutungslos und leer.

DER MOND

Die drei Gesichter des Monds zeigen die drei Phasen einer Frau

Der Hund und der Wolf, die den Mond anheulen, stehen für die animalische Seite unserer Persönlichkeit

Weiße Lilien und Rosen, Blumen des Monds, wachsen am Teich

Das Sternzeichen Krebs wird vom Mond regiert, der irdische Krebs ist sein Symbol

Der Teich ist der Teich des Vergessens

THEMA *Fluktuation und Verwirrung*

Die Karte zeigt gleich drei Phasen eines großen Mondes, der mittig in der oberen Hälfte des Bilds zu sehen ist. Die Phasen entsprechen den Stufen der Frauen. Neumond symbolisiert die Jungfrau, deren Potenzial noch unerfüllt ist, der Vollmond steht für die Mutter, deren Potenzial ausgeschöpft wird und die Altlichtsichel repräsentiert die alte Frau, deren Potenzial verbraucht ist. Hund und Wolf stehen für den unbewussten, animalischen Teil der Persönlichkeit, der unter dem Einfluss des Mondes zum Vorschein kommt. Zwei Säulen auf jeder Seite des Teichs stehen für den bewussten und den unbewussten Geist, der Pfad zwischen ihnen führt vom Wasser fort dorthin, wo sich zwei Berge berühren – das ist der Pfad des Ausgleichs. Das tiefe, stille Wasser ist der See des Vergessens, der links vom See der Erinnerungen auf der Stern-Karte liegt. Der Teich ist ein Symbol des Unbewussten, steht für die Erfahrungen, die wir lieber vergessen möchten. Das Sternzeichen Krebs wird vom Mond regiert, sein Symbol ist das Tier Krebs. Der Krebs krabbelt aus dem Wasser und transportiert Informationen aus der Traumwelt in das Bewusstsein. Weiße Lilien und rote Rosen, Blumen des Mondes, wachsen am Teich.

Deutung

Der Mond regiert die Nacht, daher ist der Mond im Tarot die Karte der Dunkelheit und Unsicherheit. Der Mond regiert die Dunkelheit und die Träume, die zunehmenden und abnehmenden Lebensrhythmen, und ist mit allen natürlichen Kreisläufen verbunden.

Wird der Mond gezogen, steht eine Zeit der Unsicherheit und Schwankungen bevor. Er herrscht über die unbeständigen Gefühle, Gefühlsschwankungen sind also zu erwarten. In der Nacht wirkt alles ernster und schwerer. Träume lassen sich nicht so einfach deuten, gibt man sich aber Mühe, kann es sehr lohnend sein. Wenn die Karte gelegt wird, kann nichts für selbstverständlich genommen werden, endgültige Entscheidungen sollten nicht vorschnell getroffen werden. Der Mond bedeutet Verwirrung, das verleitet zu schnellem Handeln, um diesen unsicheren Zustand zu beenden. Allerdings kann es weise sein, die Dinge ihren natürlichen Lauf gehen zu lassen, anstatt sie zu zwingen.

DIE SONNE

Der Himmel ist offen und blau, er steht für Klarheit

Die gerade und gewellten Sonnenstrahlen symbolisieren ihre negative und positive Wirkung

Das Kind ist Sinnbild eines neuen Lebens

Sonnenblumen und Heliotrop sind Blumen der Sonne

Apfelsinen sind Früchte der Sonne

Die Lorbeerhecke steht für das Bedürfnis nach Grenzen

THEMA *Freude, Optimismus und Klarheit*

Die Sonne zeigt ein Kind, das in einen leuchtend roten Schal gehüllt ist, rot steht für Leidenschaft. Es reitet ein weißes Pferd, dasselbe Pferd, auf dem auch schon der Tod saß, aber jetzt ist es weiß und symbolisiert das Leben. Das Kind, ein Bild für Erneuerung, reitet triumphierend durch einen Garten mit Sonnenblumen, Orangenbäumchen mit Früchten und Heliotropen: allesamt Pflanzen der Sonne. Die Sonne scheint hell, ihre Strahlen sind gerade und gewellt, sie können also positive und negative Auswirkungen haben: Die Sonne lässt die Früchte reifen und verwandelt Äcker in Wüsten. Eine Lorbeerhecke, Symbol für Erfolg, umgibt den Garten und weist auf das Bedürfnis von Begrenzungen hin. Der blaue Himmel ist der Hinweis, dass die Situation nun entschlüsselt werden kann, nachdem die Nacht vorüber ist. Das fröhliche Kind repräsentiert die Erlösung von den Einschränkungen der Nacht.

Deutung

Die Sonne regiert den Tag, sie bringt Klarheit, Optimismus und positive Energie. Denken Sie an die Sorgen in der Nacht, an die beklemmenden Gefühle, wenn der Mond scheint. Und nun stellen Sie sich die Morgendämmerung vor und den Sonnenaufgang, fühlen Sie die Wärme der Strahlen und das Schmelzen der Angst. Plötzlich scheint, was einem nachts unmöglich vorkam, doch möglich zu sein. Das ist das Geschenk, das uns die Sonne macht.

Im Leben brauchen wir Grenzen, und auch Sonne und Mond brauchen einander. Zu viel Sonnenenergie kann auslaugen. Wenn der Mond scheint, können wir ausruhen und uns erholen. Zuviel Dunkelheit allerdings führt zu Depressionen. Wir brauchen die richtige Menge an Sonnen- und Mondeinfluss für einen gesunden Ausgleich. Taucht die Karte auf, stehen Enthusiasmus und Hochgefühl ins Haus: Die Sonnenenergie hat gewisse „ich schaff das"-Qualitäten. Nichts scheint unmöglich zu sein, wenn die Sonne strahlt und auch wenn sie zusammen mit schwierigeren Karten gelegt wird, durchströmt ihre fröhliche Energie alles andere. Ihr Schwerpunkt liegt auf dem Handeln und positiven Gedanken und kündigt eine Zeit der Stärke, guter Gesundheit und allgemeinen Frohsinns an.

DAS GERICHT

Die Trompete ruft die Toten, sich zu erheben

Die weiße Flagge mit dem roten Kreuz symbolisiert das Aufeinandertreffen von Gegensätzen in der Versöhnung

Das Kind steht für das unbekannte neue Selbst, zu dem wir werden

Das Meer ist Symbol für das Wasser im Mutterleib

THEMA *Auferstehung und Entscheidung*

Auf der Karte sind drei nackte Figuren zu sehen, die ihren Särgen entsteigen – ein Mann, eine Frau, ein Kind. Sie strecken ihre Arme nach oben zu einem Engel. Sie sind nackt, weil wir alle so auf die Welt kommen. Das Kind hat uns den Rücken zugedreht, es steht für das unbekannte neue Selbst, zu dem wir nun werden. Die Särge schwimmen im Meer, das steht für den Moment zwischen Leben und Tod und zwischen Tod und Wiedergeburt. Das Wasser ist das Wasser im Mutterleib, in dem das neue Leben bis zur Geburt geschützt ist. Das fröhliche Aufstehen der drei illustriert den Moment der Geburt, der triumphalen Befreiung aus der Dunkelheit. In den Wolken schwebt ein Engel, der ein weißes Gewand trägt, der Farbe der spirituellen Reinheit. Er bläst in eine Trompete, mit der er die Toten ruft, dass sie sich erheben oder die Ungeborenen, dass sie geboren werden. Eine weiße Flagge mit rotem Kreuz hängt an der Trompete. Weiß ist die Farbe des Lebens, rot die Farbe des Sinns. Der Mittelpunkt des Kreuzes steht für das Aufeinandertreffen von Gegensätzen, die sich an diesem Punkt versöhnen, an dem alles, was getrennt war, nun geeint wird.

Deutung

Das Gericht ist die vorletzte Karte der Großen Arkana. Sie ist eine Abrechnung der bisherigen Erfahrungen und Errungenschaft der vorhergehenden Karten. Das Gericht ist als die Karma-Karte bekannt, weil sie ankündigt, dass nun geerntet werden kann, was gesät wurde. Es gibt Momente in unser aller Leben, wenn das Ende einer Situation ein direktes Resultat davon ist, wie wir in der ganzen Zeit davor damit umgegangen sind. Manchmal freuen wir uns darüber, wie die Dinge ausgehen, manchmal nicht. Wird die Karte gezogen, zeigt sie, dass der Zeitpunkt der Abrechnung gekommen ist, die eigenen Taten zu bewerten und zu beurteilen, wie man sich geschlagen hat. Die Karte bezieht sich nicht aufs Jüngste Gericht, sondern eher auf einen Höhepunkt im Leben, an dem Entscheidungen für die nächste Phase getroffen werden müssen, ohne die bisherige unbeachtet zu lasen. Das Gericht verlangt, dass wir etwas von so karmischer Natur unsere Aufmerksamkeit widmen.

DIE WELT

Der geflügelte Mann steht für das Sternzeichen Wassermann

Die goldene Krone symbolisiert Geleistetes

Der Adler steht für das Sternzeichen Skorpion

Der Lorbeerkranz symbolisiert Erfolg

Der geflügelte Stier steht für das Sternzeichen Stier

Der geflügelte Löwe steht für das Sternzeichen Löwe

THEMA *Leistung, Erfolg und Vollendung*

Die Karte zeigt einen ovalen Kranz aus Lorbeerblättern, die für Erfolg stehen, der mit einem roten Band, Symbol für Geleistetes, gebunden ist. Eine merkwürdige Figur tanzt in der Mitte des Kranzes. Bis auf einen purpurnen Schal (der Farbe der Weisheit) ist sie nackt. Der Schal verdeckt die Genitalien des Hermaphroditen. Die Karte repräsentiert Vollendung und

Harmonie. So vereint die Figur zwei Geschlechter in sich als Zeichen für Einheit. In jeder Ecke sind Embleme der Elemente – Erde, Feuer, Wasser und Luft – und Darstellungen der vier entsprechenden Sternzeichen: Stier, Löwe, Skorpion (der Adler) und Wassermann. Eine Zusammenführung aller vier Elemente würde in einem perfekten fünften gipfeln, das durch die tanzende Figur mit den Stäben – einer weiß, der andere schwarz - in den Händen symbolisiert wird. Sie unterstreicht das Thema Dualität, das sich durch das ganze Tarotspiel zieht. Die goldene Krone auf dem Kopf der Figur steht für Erreichtes. Die ovale Form des Kranzes erinnert an die Form der Ziffer Null, dem Symbol allen Anfangs und allen Endes. Und sie erinnert an die Form des Mutterleibs, aus dem alles Leben kommt. Am Ende des Durchlaufs der Trümpfe ist alles vollendet. Nun wird die tanzende Figur zum Fötus in der Gebärmutter und wartet darauf, als Narr wiedergeboren zu werden.

Deutung

Die Welt ist die letzte Karte der Großen Arkana und steht für Vollendung. Wenn die Welt komplett ist, muss die Reise neu beginnen. Das ist die Geschichte allen menschlichen Lebens. Es ist nicht so, dass wir einen bestimmten Erfolgspunkt erreichen und dann dort stehenbleiben. Nach der Vollendung folgen wir dem Drang nach einem neuen Anfang. Das Neue ruft immer den Narren auf den Plan und die Reise bringt unweigerlich die Essenz der anderen Karten ins Spiel.

Wird die Karte gelegt, ist der Moment der Vollendung oder einer abgeschlossenen Leistung gekommen. Das kann viele Gesichter haben: bestandene Prüfungen, Eheschließung, die Geburt eines Kindes, um nur einige zu nennen. Was auch immer vollendet wurde, eins ist sicher: Nach dem Triumph muss die Formation neu aufgestellt werden, damit die nächste Reise beginnen kann.

Beispiel für eine Deutung der Großen Arkana

Im Legesystem Stern kommen nur Karten der Großen Arkana vor. Es ist der zweite Teil meiner strukturierten Legung nach dem Beleuchten von Catherines Situation mit den Kleinen Arkana (siehe Seiten 136–140).

Catherine wollte etwas über ihre eigenen Bedürfnisse und Sehnsüchte auf einer tieferen Ebene erfahren, damit sie verstehen konnte, wie sie ein erfüllteres Leben führen konnte, ohne die Familienverhältnisse zu beschädigen. Sollte sie ihre Karriere auf Eis legen und sich ganz auf die Familie konzentrieren? Da kam bei ihr die Sorge auf, welche Auswirkung das daraus resultierende geringere Einkommen auf ihre Situation haben würde. Außerdem fürchtete sie, dass so ein Leben sie intellektuell unterfordern würde und ihr der Status nicht ausreichen würde.

Catherine zog sieben Karten der Großen Arkana. Ich legte sie im Stern-System folgendermaßen aus:

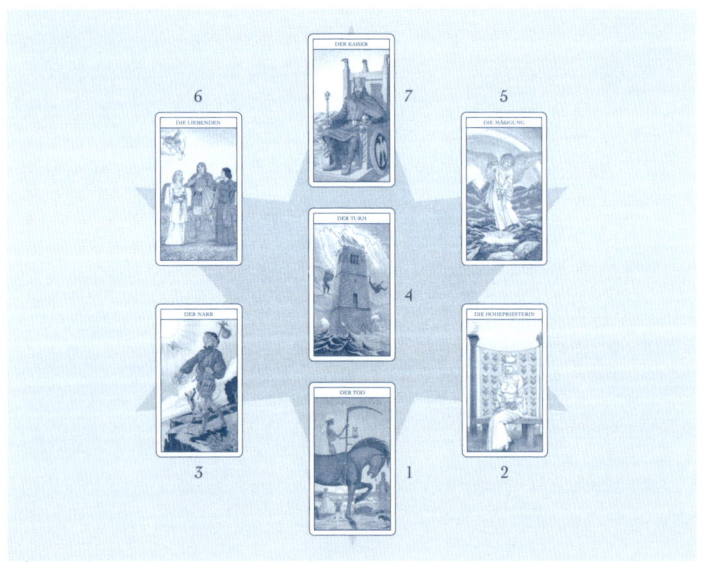

1. Die Wurzel der Sache: Tod

Die Wurzel ist der emotionale Startpunkt der Deutung. Die Karte zeigt den Tod, der über Land reitet. Das Flehen der Menschen am Weg berührt ihn nicht. Die Karte sagt aus, dass Veränderungen geschehen, ob wir wollen oder nicht. Das klingt auch in der Zehn der Schwerter in der ersten Auslegung mit (siehe Seite 139) und weist auf eine Veränderung in Catherine hin.

Catherine war sich bewusst, dass ihre Kinder älter wurden. Das Ende einer Phase macht Platz für den Anfang einer anderen und sie glaubte, ihre nächste Phase als Mutter würde weniger fordernd sein. Gleichzeitig war sie traurig darüber, dass die wunderbaren Babyjahre nun vorbei waren. Der Tod signalisiert eine Zeit des Übergangs – Catherine war gleichzeitig optimistisch und ihr war nostalgisch zumute, als die Veränderung stattfand.

2. Gefühle und Beziehungen: Die Hohepriesterin

Die Karte steht für unerfülltes Potenzial. Catherine wusste, dass ihre Beziehungen sich verändern mussten, wollte die Veränderungen aber nicht mit Gewalt durchsetzen. Die Hohepriesterin schien mit der Sieben der Schwerter aus der Kleinen-Arkana-Legung in Verbindung zu stehen als Zeichen dafür, auf den richtigen Moment zu warten. Die Hohepriesterin ermutigt uns, mehr auf unsere Intuition zu vertrauen und weniger auf unseren Verstand. Auch ist sie ein Hinweis darauf, dass die Geheimnisse des Unterbewusstseins nur dem enthüllt werden, der bereit ist, sie zu verstehen.

3. Verstand und Karriere: Der Narr

Der Narr will Veränderung und Abenteuer. Auf der Position von Verstand und Karriere sagt er aus, dass Catherine viel lieber ihr Arbeitsmuster verändern wollte als die Verhältnisse innerhalb der Familie, die durch die Hohepriesterin repräsentiert wird. Die zwei Karten arbeiten auf unterschiedliche Weisen: Der Narr ergreift neue Gelegenheiten, die Hohepriesterin rät zur Besonnenheit. Ein Ausgleich der beiden muss erzielt werden.

4. Der Kern der Sache: Der Turm

Die Position der Karte unterstreicht ihre Bedeutung. Alte Strukturen müssen eingerissen werden. Wer diese Energie ignoriert, bei dem kann sie sich brutal ihren Weg bahnen. Wenn aber mit ihr gearbeitet wird, kann sie reinigen und erfrischen. Der Turm drängte Catherine, ihre Ideen und Überzeugungen genau zu überdenken und dafür bereit zu sein, Altes hinter sich zu lassen, damit Neues beginnen konnte.

5. Unbewusster Einfluss: Mäßigung

Die Mäßigung mit dem sanften Engel ist eine friedvolle Karte, die für das Teilen, für Kompromisse und Kooperation steht. Catherine und ihr Mann müssten einen Kompromiss für einen Umorganisation ihres Lebens finden. Die Mäßigung ist eine fantastische Karte, da sie für Kompromisse und ehrliche Kommunikation steht. Sie stellt in Aussicht, dass eine befriedigende Lösung gefunden werden kann.

6. Bewusste Einflüsse und Wünsche: Die Liebenden

Die Liebenden repräsentiert die Notwendigkeit, eine Wahl zu treffen. Catherine meinte, die Wahl wäre nicht zwischen Menschen, sondern beträfe die zukünftige Richtung des Familienlebens. Die Karte unterstreicht die Sieben der Kelche der ersten Auslegung, die für mehrere Wahlmöglichkeiten steht. Die Liebenden begrenzt die Auswahl auf zwei Optionen und fordert dazu auf, die Entscheidung emotional und nicht logisch zu treffen.

7. Spitze der Sache: Der Kaiser

Die Karte repräsentiert das augenblickliche Ergebnis und steht für Stabilität und Ehrgeiz. Der Kaiser ist ein mächtiges Bild, das jemanden zeigt, der sein Königreich voller Selbstvertrauen regiert. Catherine fand daraufhin, sie müsse eine praktische Lösung für ihr Dilemma finden. Um die Energie des Narren auszugleichen, musste sie sorgfältig nachdenken. Der Kaiser war der Hinweis, dass eine neue Karriere materiell lohnender wäre und ihren Status erhöhen würde oder dass eine Person, die dem Kaiser entsprach, dabei eine Rolle spielte.

Beispiel für eine Deutung mit dem kompletten Spiel

Der letzte Teil der drei Legungen für Catherine umfasste das gesamte Tarot-spiel. Ich legte die Karten in Hufeisenform. Das System eignet sich als Zusammenfassung der vorhergegangenen zwei Auslegungen – es ist der Höhepunkt der Deutung. Ich finde, dass diese Methode – sich zuerst den Menschen im Alltagsleben anzusehen und dann psychologische oder spirituelle Aspekte aufzudecken, um am Ende alle Karten gemeinsam zu befragen – ein Gesamtbild von dem, was zu einem bestimmten Punkt im Leben einer Person geschieht, ergibt.

Nachdem wir uns die Probleme genau angesehen und dadurch neue Erkenntnisse gewonnen haben, wie es um ihre innere Entwicklung stand und nun genauer wissen, welche Art Entscheidung bei ihr anstand, wollte Catherine unbedingt eine Zusammenfassung haben. Sie war neugierig, ob Karten der beiden vorhergehenden Auslegungen noch einmal auftauchen würden, was häufig auf die Karten zutrifft, die für die fragende Person besonders wichtig sind.

Catherine zog fünf Karten aus dem gesamten Spiel und ich legte sie in Form des Hufeisen-Legesystems:

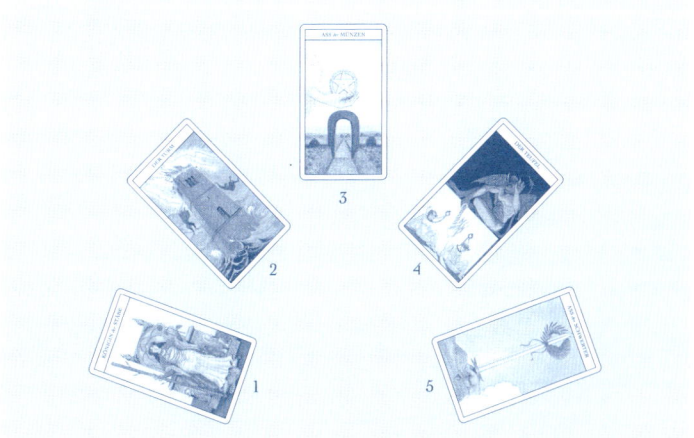

1. Gegenwärtige Position: Königin der Stäbe

Die Königin der Stäbe repräsentiert eine Person, die fähig ist, mehreren Dingen gleichzeitig erfolgreich nachzugehen. Das traf sicherlich auf Catherine zu, die sich zeitgleich um ihre häuslichen Pflichten, aber auch um ihre Firma kümmerte. Häufig fühlte sie sich, als ob sie mit den verschiedenen Lebensbereichen jonglieren würde und mehrere Bälle gleichzeitig in der Luft hielt. Die Königin der Stäbe schafft das, weil sie kreativ und fleißig ist und ihre üppig vorhandene Energie präzise fokussieren kann. Sie ist Realistin, kennt ihre Grenzen und toleriert einen gewissen Grad an Unvollkommenheit. Sie erwartete nicht, dass alles gleichzeitig perfekt läuft. Die Königin der Stäbe ist mit dem Element Feuer verbunden, sie verfügt über Begeisterungsfähigkeit und Optimismus, die sie durch schwere Zeiten tragen. Dass die Karte dort lag, war für Catherin das Zeichen, dass sie ihr Leben gerade gut im Griff hatte – trotz ihrer Frustration.

2. Gegenwärtige Erwartungen: Der Turm

Interessanterweise zeigte sich die zentrale Karte der letzten Deutung auch hier wieder. Das betont die Bedeutung des Turms in Catherines momentanen Leben. In der ersten Deutung kam heraus, dass Catherine wusste, dass sie sich in ihrem Lebensstil gefangen fühlte. Sie war sich sicher, dass sie das durch eine Umstrukturierung ihres Lebens und das ihrer Familie ändern könnte. Ihr Haupthindernis war dabei die Angst ihres Ehemanns, die Situation anzugehen. Catherine wiederum wollte ihn nicht damit aufregen und Staub aufwirbeln, aber ihr Empfinden, eingesperrt zu sein, verstärkte sich immer mehr. Sie realisierte, dass sie diese stetig intensiver werdenden Gefühle bald nicht mehr ertragen konnte. Als ihr das bewusst wurde, wusste sie, dass es keine Alternative zu einer Veränderung gab, mit was für Folgen auch immer. Sie erwartete den Turm, den sie fürchtete und begrüßte, denn sie wusste, durch ihn würde die Spannung nachlassen und eine ehrlichere Beziehung zwischen ihr und ihrem Mann könnte entstehen.

3. Das Unerwartete: Ass der Münzen

Das Ass der Münzen steht für einen materiellen Neuanfang. Es schien, dass finanziell etwas geschehen würde, was Catherine mehr Möglichkeiten eröffnete, wenn sie entscheid, welchen Weg sie gehen würde. Bei der Vorstellung, dass sie finanziell besser dastehen würde, fasste sie Mut, zumal sie dadurch vielleicht die Gelegenheit bekam, ihr Leben grundsätzlich zu verändern, ohne die finanzielle Sicherheit ihrer Familie zu gefährden. Die Karte konnte ebenso gut für ein unerwartetes Jobangebot stehen wie für Mittel, um ihre Firma auszubauen.

4. Unmittelbare Zukunft: Der Teufel

Der Teufel verlangt Aufmerksamkeit. In dieser Position scheint er Catherine aufzufordern, ernsthaft über sich und ihre eigenen Bedürfnisse und Motive nachzudenken, um zu verstehen, woher ihr Drang nach Veränderung stammte. Der Teufel ist eine Karte, die einen zwingt, ehrlich mit sich selbst zu sein und zu ignorieren, dass dadurch Hindernisse errichtet werden könnten, die das Leben ungemütlich machen würden. Wenn der Teufel gezogen wird, sollten wir uns seiner dunklen Welt stellen, weil danach das Leben leichter verläuft. Wir neigen dazu, uns vor Problemen wegzuducken, aber wenn wir sie konfrontieren und den Mut finden, sie anzupacken, fühlen wir uns besser und lassen eine Menge Energie frei, die wir ansonsten unterdrückt hätten.

5. Langfristige Zukunft: Ass der Schwerter

Das Ass der Schwerter markiert einen Neubeginn, eventuell einen sehr dramatischen. Das mag zerstörisch wirken, aber wir brauchen Veränderungen, damit sich das Leben weiterentwickelt. Catherine freute sich über die zwei Asse, sie fand, sie kündigten Veränderungen ihres Lebensstils und im finanziellen Bereich an. Das Ass der Schwerter ist stark und deutet auf einen positiven Ausgang hin, wenn sich erst den Herausforderungen mutig gestellt wurde. Vielleicht sieht Catherines Neuanfang anfangs nicht so vielversprechend aus, aber der Pfad, den sie einschlägt, wird sich als absolut befriedigend herausstellen.

Danksagungen

Mein Dank geht an Ian, Nick, Elaine, Liz, Jane und Barbara für ihre harte Arbeit und ihre Inspiration und an Giovanni, der ein so schönes Kartenspiel geschaffen hat.

Juliet Sharman-Burke ist praktizierende Analytische Psychotherapeutin. Seit mehr als zwanzig Jahren beschäftigt sie sich mit Tarot und Astrologie. Sie ist Autorin mehrerer Bücher über Tarot, darunter *The Complete Book of Tarot*, *The Mythic Tarot Workbook*, *Understanding the Tarot* und *Mastering the Tarot*. Zusammen mit Liz Greene verfasste sie die Bestseller *The New Mythic Tarot* und *The Mythic Journey*.

Giovanni Caselli ist Illustrator mit einer Leidenschaft für die Antike, ihrer Literatur, Kunst, ihren Symbolen und Mythen. Er hat umfassende Kenntnisse in Geschichte und Archäologie, die ihm dabei helfen, bis ins letzte Detail akkurate Bilder der Vergangenheit zu schaffen. Sein charakteristischer Line-and-Wash-Stil ist perfekt für Tarotkarten, bei denen Farbe und Einzelheiten symbolischen Charakter haben.